Follow Me

《亲历者》编辑部 编著　★ 年年修订 ★

四川
深度游

慢·旅·行·的·倡·导·者

中国铁道出版社有限公司
CHINA RAILWAY PUBLISHING HOUSE CO., LTD.

图书在版编目（CIP）数据

四川深度游 Follow Me /《亲历者》编辑部编著. — 6版. — 北京：中国铁道出版社有限公司, 2025.6.（亲历者）. — ISBN 978-7-113-32151-2

Ⅰ. K928.971

中国国家版本馆 CIP 数据核字第 2025TX3887 号

| 书　　名：四川深度游Follow Me |
| SICHUAN SHENDU YOU Follow Me |
| 作　　者：《亲历者》编辑部 |

| 责任编辑：孟智纯 | 编辑部电话：（010）51873697 |
| 封面设计：赵　兆 |
| 责任校对：安海燕 |
| 责任印制：赵星辰 |

出版发行：中国铁道出版社有限公司（100054，北京市西城区右安门西街8号）
网　　址：https://www.tdpress.com
印　　刷：天津嘉恒印务有限公司
版　　次：2013年3月第1版　2025年6月第6版　2025年6月第1次印刷
开　　本：660 mm×980 mm　1/16　印张：14　字数：297千
书　　号：ISBN 978-7-113-32151-2
定　　价：68.00元

版权所有　侵权必究

凡购买铁道版图书，如有印制质量问题，请与本社读者服务部联系调换。电话：（010）51873174
打击盗版举报电话：（010）63549461

如何使用本书

景区
精选四川32个热门的目的地，囊括四川的旅游精华。

景区概述
用简练的语言，让读者对景区有一个整体认识。

微印象
精选自媒体平台、旅游网站上旅行者对景区做出的价值性点评，让读者对景区有一个初步的认识，确定旅游目的地。

基本信息
包括门票价格、景区开放时间、最佳旅游季节、进入景区的各种交通方式等实用信息。

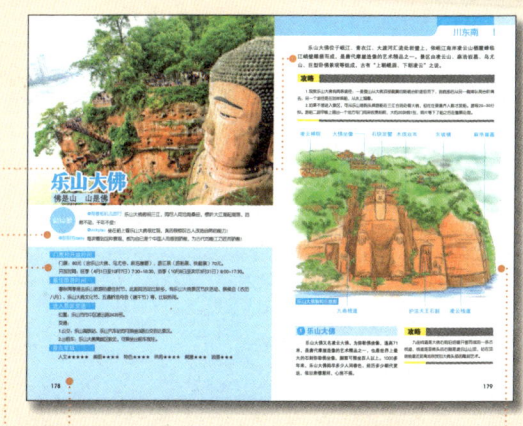

景区星级
从美丽、浪漫、休闲、人文、特色、刺激6个方面给景区评级。

景区示意图
标注景区出入口、游览线路、观光点、景区配套设施等信息。

子景点
观光点的详细介绍，并配有实用攻略、小贴士、旅友点评等丰富的资讯。

图片
选取精美图片，提升现场感，提供摄影参考。

景区攻略
包含住宿、美食、购物、娱乐、景区内部交通、旅游注意事项等，丰富且实用。

行程推荐
提供合理、实用的景区游览方案。

导读
提供四川的基本背景信息，让读者先认识目的地，再开始旅行。

爱上城市
若干幅精美图片，让读者对目的地建立感性印象。

城市概览
以图文形式，梳理城市的地理、历史、文化等知识，让读者对目的地建立初步认识。

读懂城市
以专题的形式，介绍一些文化主题，让读者对目的地产生更深刻的认识。

四川，
来玩就要有深度

四川深度游
Follow Me

大熊猫的故乡

　　大熊猫已在地球上生存了至少800万年，被誉为"活化石"和"中国国宝"。圆圆的脑袋，圆圆的脸，圆圆的眼睛，圆圆的鼻子，小小的嘴巴，胖胖的身体，还有又短又粗的四肢，软萌的样子，十分惹人喜爱！在成都大熊猫繁育研究基地，与国宝亲密接触；在卧龙自然保护区，了解大熊猫野化进程。熊猫基地，天府四川，名副其实。

四川的味道

　　品四川，品它独特的滋味。四川之味，泡在茶香里。茶馆遍布城乡和街巷。有水，就有茶铺，就有饮茶的生活。四川之味，藏在佳肴里，川菜清新醇浓与麻辣鲜香并重的特色，让人大快朵颐。四川之味，醉在美酒里。川酒浓郁醇厚，不同年龄的人能喝出不同的意味。无论是川茶、川菜，还是川酒，带给人的，都不仅仅是或鲜香、或清新、或香醇的味觉享受，还有一份长期浸润在川人血脉中的文化味儿。

四川，简称"川"或"蜀"。天府之国，钟灵毓秀、古人称"天下山水之观在蜀"。

四川东部是秀丽的四川盆地，丘陵河川纵横，城市乡镇、田园村舍散布点缀，很早就有"天府之国"的美誉。众多名人在蜀地题有千古绝唱，赋下著名诗篇。李白、杜甫、陈子昂、白居易、苏东坡等在此留下了动人的篇章。成都平原上，多少忠臣怨主，几许盛衰欢悲，都留在了这里的森森翠柏之间，留在了条条蜀道之上……

著名的川西大环线，一步一景，每一条都让人惊叹、震撼：原生态的雪山、五彩斑斓的红叶林、傲然艳丽的高山杜鹃、宁静致远的乡野生活、神秘古朴的民族文化……更纯粹的民族风情，更浓郁的自然景观，仙境的模样，大概就在香巴拉深处吧！

川西南大凉山深处，攀枝花沐浴在冬日的暖阳里，这座因三线建设而发展起来的移民城市，蜕变成全国闻名的阳光花城、康养福地。西昌的邛海边，大家举杯畅饮，纵情歌舞，度过了一个热闹的火把节。

四川的好说不尽，地道的川味吸引了全世界的目光。

天下山水在蜀地

一千多年前，杜甫站在简陋的草堂里咏叹："窗含西岭千秋雪，门泊东吴万里船。"关于四川，自古以来就有"天下山水之观在蜀"之说，峨眉天下秀，青城天下幽，剑门天下险，九寨天下奇，早已名声在外。更不用说"蜀山之王"贡嘎山、"蜀山皇后"四姑娘山、"天下情山"华蓥山、"温泉天堂"螺髻山等数不尽的名山。蜀山名声之大也许不在于数量多，"争奇斗艳、美美与共"才是对其最恰当的诠释。

目录

速读四川 001-027

爱上四川
- 探秘大美川西 …………… 002
- 大九寨环线的色彩盛宴 … 005
- 川南山水度假天堂 ……… 006
- 成都的茶馆和饭馆 ……… 009

四川概览
- 四川每月亮点 …………… 010
- 四川地理 ………………… 011
- 四川历史 ………………… 012
- 巴适的天府之国 ………… 014
- 旅途新趣向 ……………… 016
- 成都经典五日游 ………… 018
- 川西大环线九日游 ……… 019

读懂四川
- 天府之国：
  少不入川，老不离蜀 … 020
- 美味川菜：
  一菜一格，百菜百味 … 021
- 国宝熊猫：
  大熊猫的栖息地 ……… 022
- 川剧变脸：艺术瑰宝 …… 022
- 动漫乐园：
  再造哪吒，引爆动漫 … 024
- 茶马古道：茶马互市 …… 025
- 美酒飘香：
  玉液琼浆饮不够 ……… 026
- 羌族文化：古老而又神秘 … 026

第1章 028-067
成都及周边

- 成都市区 ………………………… 030
- 黄龙溪古镇 ……………………… 036
- 都江堰 …………………………… 041
- 青城山 …………………………… 046
- 西岭雪山 ………………………… 052
- 安仁古镇 ………………………… 059
- 三星堆博物馆 …………………… 064

第2章 068-103
川藏南线

- 雅安 ……………………………… 072
- 贡嘎山 …………………………… 079
- 康定 ……………………………… 085
- 理塘 ……………………………… 092
- 稻城亚丁 ………………………… 096

第3章 104-125
川藏北线

- 理县 ……………………………… 106
- 四姑娘山 ………………………… 110
- 丹巴 ……………………………… 116
- 德格 ……………………………… 121

第4章 九黄环线 126-157

汶川	128
北川	132
九曲黄河第一湾	136
郎木寺	141
黄龙	147
九寨沟	152

第5章 凉山地区 158-175

螺髻山	160
邛海和泸山	164
泸沽湖	169

第6章 川东南 176-199

乐山大佛	178
峨眉山	183
蜀南竹海	190
石海洞乡	195

第7章 川东北 200-216

剑门蜀道	202
光雾山	207
阆中古城	211

示意图目录

武侯祠示意图	031
黄龙溪古镇示意图	039
都江堰示意图	043
青城山示意图	048
西岭雪山示意图	054
安仁古镇刘氏庄园示意图	061
碧峰峡景区示意图	073
稻城亚丁示意图	098
四姑娘山示意图	112
丹巴旅游交通示意图	119
汶川特别旅游区示意图	130
北川旅游交通示意图	134
九曲黄河第一湾示意图	138
郎木寺小镇解构示意图	142
黄龙示意图	149
九寨沟示意图	155
螺髻山示意图	162
邛海和泸山示意图	165
泸沽湖示意图	170
乐山大佛解构示意图	179
乐山大佛景区示意图	180
峨眉山示意图	184
蜀南竹海示意图	192
石海洞乡示意图	197
剑门关景区示意图	204
光雾山示意图	209
阆中古城示意图	212

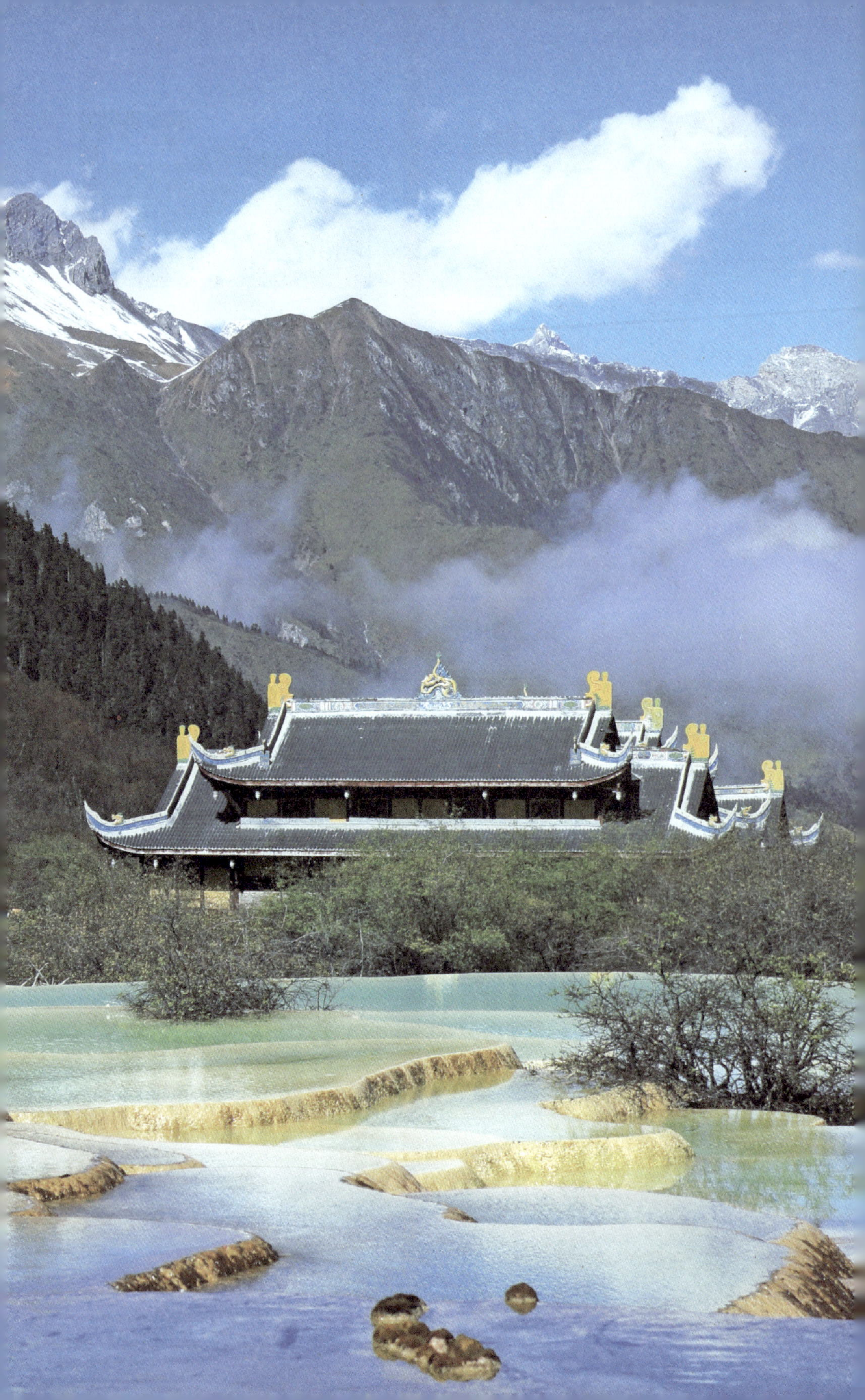

速读四川

爱上四川
探秘大美川西
大九寨环线的色彩盛宴
川南山水度假天堂
成都的茶馆和饭馆

四川概览
四川每月亮点
四川地理
四川历史
巴适的天府之国
旅途新趣向
成都经典五日游
川西大环线九日游

读懂四川
天府之国：少不入川，老不离蜀
美味川菜：一菜一格，百菜百味
国宝熊猫：大熊猫的栖息地
川剧变脸：艺术瑰宝
动漫乐园：再造哪吒，引爆动漫
茶马古道：茶马互市
美酒飘香：玉液琼浆饮不够
羌族文化：古老而又神秘

探秘大美川西

川西不仅有震撼人心的壮丽风光,还有独特的人文风情。在川西,你可以去海螺沟看冰川、泡温泉,去四姑娘山徒步探险,去康定听不老的情歌,去德格倾听格萨尔王的故事,去丹巴看碉楼藏寨……

爱上四川|

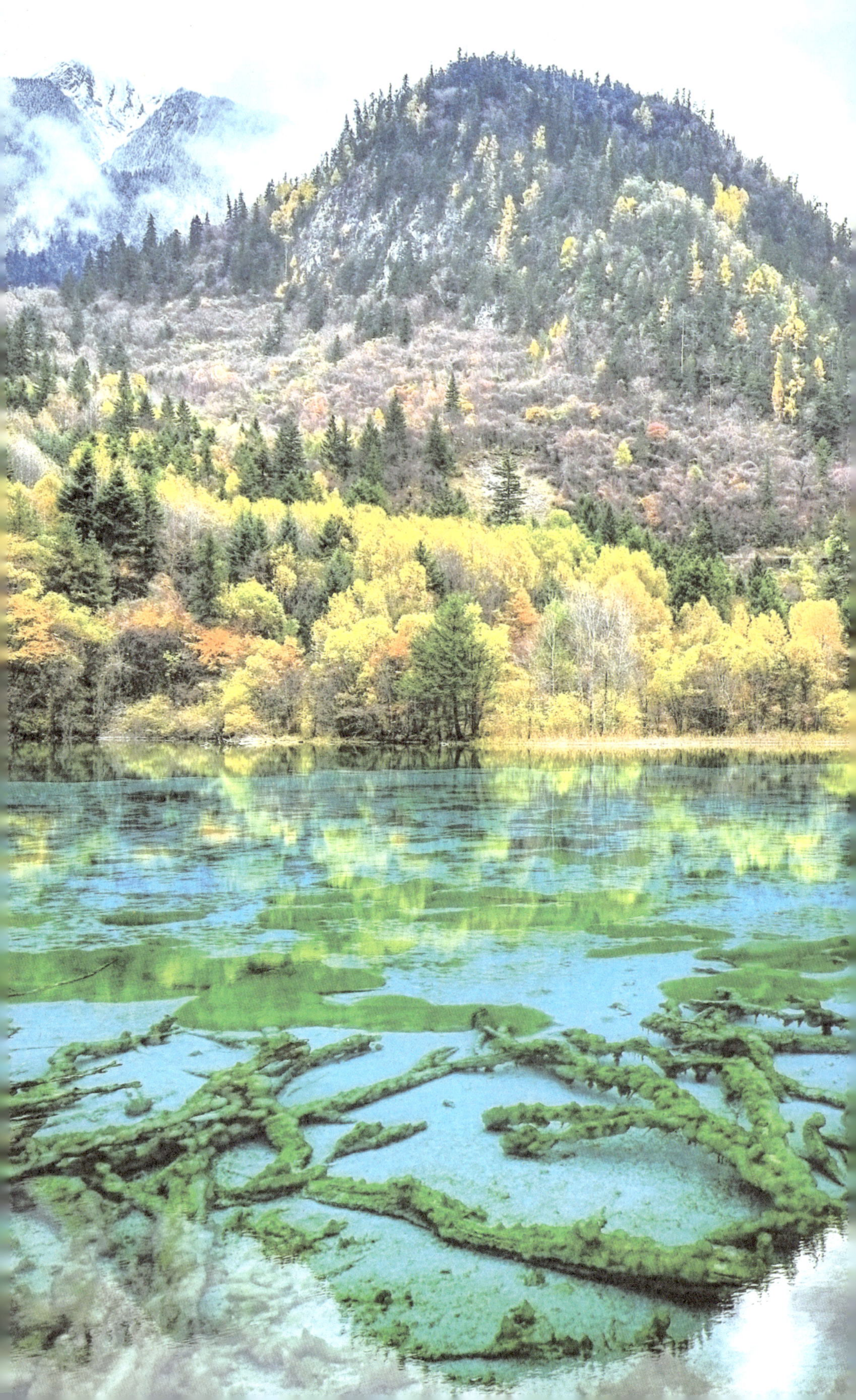

大九寨环线的色彩盛宴

来到大九寨环线，如同置身于一个仙境般的色彩王国。九寨、黄龙那透明见底的高原海子，水色各异，涟漪多彩，四季可赏；金秋时节，米亚罗"万山红遍，层林尽染"，红原大草原，金黄壮美；夕阳西下，黄河第一湾泛着红色的粼光，如诗如画。

川南山水
度假天堂

　　行走于川南的山水之间，独享自然美景也是休闲度假的不错选择。登抵佛教圣地峨眉山，品味禅道精髓；漫步"月城"西昌，同赏邛海明月，共度彝族火把节；走进蜀南竹海，呼吸大自然的味道，感受宜人天然氧吧……

爱上四川

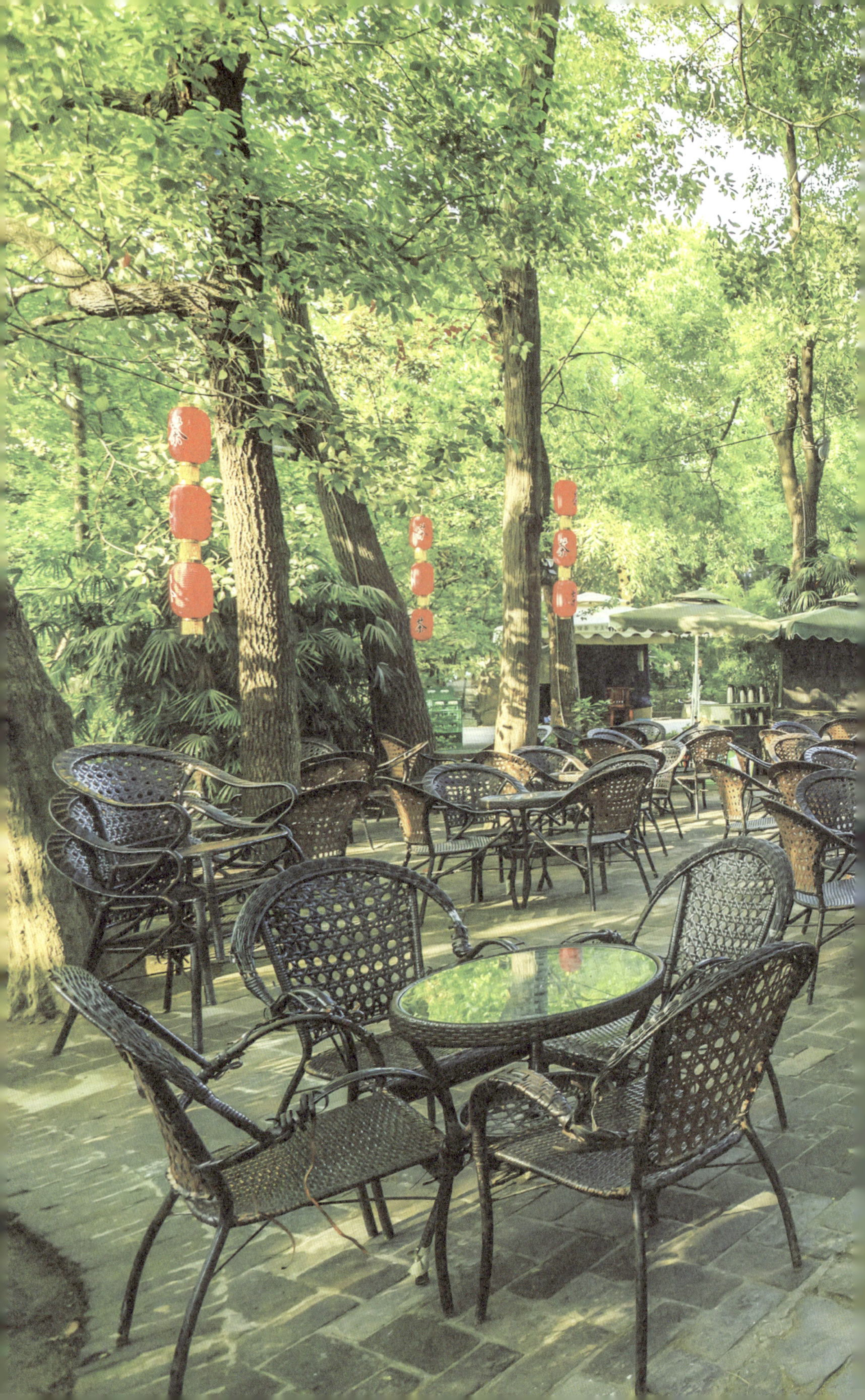

成都的茶馆和饭馆

成都这个"天府之国,美食之都",是慢生活的代表,是"吃货"的天堂。走在成都街头,不难发现此地茶馆和饭馆之多。无论是公园竹林雅致茶馆或是河边的露天茶铺,还是装修典雅的高档茶楼,你随时可以坐下来品一杯茶,晒一晒太阳,看看周围来往的行人,享受一个安详的午后。入夜则可觅一正宗川味馆子,美美吃上一顿。

四川每月亮点

1月（12月底至次年3月）
游玩推荐：南国冰雪节
地点：西岭雪山

2月（春节前后）
游玩推荐：自贡灯会
地点：自贡彩灯公园

3月（农历二月十五）
游玩推荐：成都花会
地点：成都文化公园

4月（清明前后）
游玩推荐：都江堰放水节
地点：都江堰景区

5月（农历四月初八）
游玩推荐：转山会
地点：康定跑马山

6月（端午节）
游玩推荐：新津龙舟会
地点：成都新津县

7月（彝历八月中旬）
游玩推荐：凉山火把节
地点：西昌市

8月（8月中旬）
游玩推荐：国际武术节
地点：峨眉山

9月（9月初）
游玩推荐：乐山国际大佛节
地点：乐山大佛景区

10月（10月下旬至11月中旬）
游玩推荐：光雾山国际红叶节
地点：光雾山

11月（农历十月中旬）
游玩推荐：彝族年
地点：凉山州各地

12月（农历十一月）
游玩推荐：嘉绒藏历年
地点：丹巴县

四川
地理

人口：约8364万（2024年末）
面积：约49万平方千米
民族：汉族、彝族、藏族、羌族等。

地形

　　四川省位于我国西部，地跨青藏高原、云贵高原、横断山脉、秦巴山地、四川盆地等几大地貌单元，地势西高东低，由西北向东南倾斜。最高点是西部横断山脉的主峰贡嘎山。以龙门山—大凉山一线为界，东部为四川盆地及盆缘山地，西部为川西高山高原及川西南山地。

　　四川盆地是我国四大盆地之一，盆地内的成都平原得益于都江堰水利工程，自古以来就有"天府之国"的美誉。

气候

　　四川盆地内属亚热带湿润气候，季风气候明显，雨热同期。由于地形的影响，局部气候类型复杂多样，整体气候特点为冬暖、春旱、夏热、秋雨、多云雾、少日照。四川是我国夏季气温最高的地区之一，并且夏季多暴雨。川西南为山地亚热带半湿润气候区。川西北为高山高原高寒气候区。

四川历史

远古时期

四川在距今 25000 年前开始出现了人类文明，并在新石器时代晚期形成了以宝墩文化、三星堆遗址、金沙遗址为代表的高度发达的古蜀文明。古蜀文明与华夏文明、良渚文明并称为中国上古三大文明。

先秦时期

商朝时期，蜀人部落从今茂县一带沿岷江而下迁徙至成都平原，被称为"氐族"，并建立了自己的奴隶制政权国家。

战国时期，秦国趁蜀国和巴国发生战争之机，一举兼并了蜀国和巴国。

公元前 256 年，蜀郡守李冰吸取了前人的治水经验，主持修建了著名的都江堰水利工程。

秦汉时期

秦朝修建都江堰水利工程后，社会、经济、文化迅速发展，四川地区被誉为"天府之国"。

221 年，刘备在蜀地成都称帝，国号"汉"，史称"蜀汉"。后来诸葛亮治国，恢复生产，维护都江堰，发展盐铁和蜀锦工业。

隋唐时期

742年，李白入蜀，写下名篇《蜀道难》。

755年，安史之乱爆发，长安陷落，唐玄宗入蜀避难。

759—766年，杜甫居于成都，其间写下大量著名诗篇，后人建杜甫草堂以纪念。

宋元明清时期

北宋初期，宋廷在四川实施了一系列的护商政策、轻赋政策以及废除禁榷政策，使四川地区经济得到了良性发展。1021年，宋真宗在四川发行了世界上第一张纸币，被称为"交子"。

清顺治时期到乾隆时期，陆续进行了大规模的移民运动，史称"湖广填四川"。

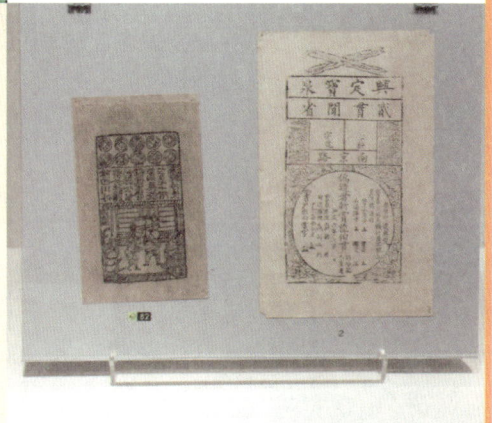

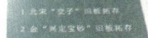

近现代时期

1911年，四川爆发保路运动，清政府调兵镇压，直接引发武昌起义。

1937年，抗日战争全面爆发，先后共有350万川军出川参加抗战，为抗战胜利做出了重要贡献。

1949年12月底成都解放；1950年，四川全境解放。

巴适的 天府之国

茶馆喝茶去

四川是我国最早栽茶和饮茶的重要地区之一，有茶，就有茶馆。四川的茶馆犹如百年老树之根系，蜿蜒纵横，无所不到，遍布于大大小小的闹市僻巷。没有多少地方能把茶的功能开发得淋漓尽致，又把喝茶的传统保持得如此之好。来成都游玩一定要抽个下午，慢慢品茶，享受成都的悠闲生活。

龙门阵摆起来

什么叫摆龙门阵？就是一群人在那里聊天。"龙门阵"，不叫说也不叫讲，而叫摆，这个"摆"字，便活脱脱地显示了其气派声势之不同凡响。

在四川，无论是茶馆里还是街头，随处可见几个人或者一群人，泡着一壶茶，听到他们妙语连珠、妙趣横生地谈古说今，笑谈间，日子就这么慢悠悠地过着。

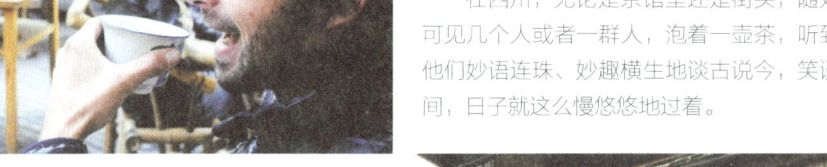

打上八圈麻将

四川全省不分官民上下、男女老少、贫困富裕、城市农村都要打麻将，除了在家打麻将之外，很多老成都人都喜欢在比较有历史感的茶馆以及新兴的高级茶楼打麻将，如果你到成都的这些地方喝茶，看到一桌人在麻将台前大战，可千万不要觉得惊讶，这就是成都人的巴适生活。不少在成都的游客都摩拳擦掌，跃跃欲试地想要加入进去。

掏掏耳朵

在街头你经常可以看到挎着木箱、叼着烟叶、跷着二郎腿的掏耳师傅，他们等待着各地的游客，为其提供"小舒服"。

掏耳是民俗七十二行中的一技，也是四川特有的一种民俗文化。从传统到现代，民间至今仍有三大快活之说：采耳、捏脚、洗澡。顾客能在酥痒、紧张、刺激的体验中得到享受和放松。

欣赏神奇川剧

川剧是中国戏曲宝库中的一颗光彩照人的明珠。早在唐代就有"蜀戏冠天下"的说法。托举、开慧眼、变脸、喷火、藏刀等绝技更是丰富神奇，令人叹为观止。来到四川，可以在成都的川剧馆观看欣赏一场传统文化的表演盛宴。

小酒馆里放肆青春

"走到玉林路的尽头，坐在小酒馆的门口"，一首火爆的民谣《成都》，将成都的酒馆唱出了名声。结束了一周的工作，周五晚上去酒吧放松一下便是年轻人的刚性需求。在民谣中放松自己，享受这一刻的慵懒时光。

旅途
新趣向

夏季星空的浪漫

翻越气势磅礴的鹧鸪雪山，袅袅娜娜的白河贯穿红原全境，牧歌帐篷、牛羊星罗棋布。红原县有广阔的草原，视野开阔，夏季可以来这里骑马、露营、观星，感受不一样的浪漫生活。

嘉阳小火车

嘉阳小火车，带你寻找遗落的时光之梦。嘉阳小火车是仍在运行的客运蒸汽窄轨小火车，如果遇上阳光明媚的日子，坐上小火车，透过窗外，便会看见两道弧线。阳春三月，油菜花盛开如海，坐上小火车，沿途时不时闪出几树梨白桃红，感觉自己正驶向春天。

虹口漂流

素有"西部第一漂"之称的虹口漂流，全长10千米，落差明显。奔腾咆哮的河流托起橘红色的橡皮舟，在险峻的峡谷中穿梭，放纵让河水淌过心灵，漂走烦恼和忧愁，然后用尖叫声宣泄出内心的欣喜若狂。

自驾云端赏美景

雅安至西昌段的高速，由于处在四川盆地边缘向横断山区高地爬升地段，被誉为"云端上的高速"。腊八斤沟特大桥，10多千米的泥巴山隧道，高难度的铁寨子双螺旋隧道，给这段高速旅程增添了别样的精彩。打开音乐，自驾飞驰，一路空中赏美景。

东郊记忆的音乐

走进东郊记忆，音乐时时刻刻在发挥着它神奇的魔力，如清泉般从墙壁的缝隙间，从生锈的铆钉里渗透出来。在这音乐的王国中，路边表演者演奏的提琴声，甚至酒吧里不时传出的阵阵欢笑也始终风吹不散、日晒不干。

瓦屋山滑雪场

瓦屋山滑雪场有着特殊的地理位置，它的雪下得也比其他地方厚实一些，带着北国的豪气，但是在壮观辽阔的冰雪世界里，又能嗅到丝丝南国温婉的气息，能让人享受到大自然在冬日赠予的宝贵财富。有时间，一定得在山顶看一次日出日落，当阳光映红半边天，仿佛真的置于人间仙境。

成都
经典五日游

武侯祠
锦里
杜甫草堂
金沙遗址博物馆
永陵博物馆
宽窄巷子
都江堰
青城山
西岭雪山

DAY 1
游武侯祠、锦里、杜甫草堂，可在锦里吃小吃，住锦里古街内客栈。

DAY2
游金沙遗址博物馆、永陵博物馆、宽窄巷子，可在宽窄巷子吃饭散步，感受成都悠闲慢生活，住宽窄巷子附近。

DAY3
拜水都江堰，感叹智慧的精妙。

DAY4
问道青城山，泛舟月城湖。

DAY5
出发去西岭雪山，春赏杜鹃夏避暑，秋观红叶冬滑雪。

川西大环线九日游

DAY 1
从成都出发，经都江堰，过汶川、理县，黄昏时到达阿坝县。

DAY 2
在阿坝草原中穿行，下午进入色达，前往位于喇荣沟里的五明佛学院。

DAY 3
参观世界上最大的佛学院——色达五明佛学院。

DAY 4
取道甘孜州道孚县龙灯乡境内的龙灯草原，到达摄影天堂——新都桥。

DAY 5
早起沿路欣赏新都桥的美丽景色，一个多小时车程到达甲根坝乡，游览泉华滩。傍晚时分回到新都桥。

DAY 6
早餐后从新都桥出发经世界高城理塘，前往香格里拉镇，经过海子山，最后到达稻城亚丁。

DAY 7
遥望央迈勇和夏洛多吉两座山。然后继续往上，徒步到达牛奶海和五色海。

DAY 8
欣赏318线沿途美景，傍晚到达海螺沟。

DAY 9
游玩海螺沟景区，感受亚洲最低海拔冰川的魅力，可以泡个温泉解乏。

阿坝草原 — 色达五明佛学院 — 新都桥 — 泉华滩 — 稻城亚丁 — 牛奶海 — 五色海 — 海螺沟

天府之国
少不入川，老不离蜀

　　历史上所说的"天府之国"主要是指四川盆地。四川盆地土地肥沃，气候温和，雨量充沛，特别是秦朝修建了都江堰水利工程之后，成都平原成了"水旱从人，不知饥馑"的"天府之土"。

　　四川盆地又称巴蜀盆地，是中国四大盆地之一，由连接的山脉环绕而成。岷江是长江上游一条较大的支流，发源于四川北部高山地区。每当春夏山洪暴发的时候，江水奔腾而下，从灌县进入成都平原，由于河道狭窄，古时常常引起洪灾，洪水一退，又是沙石千里。而灌县岷江东岸的玉垒山又阻碍江水东流，造成东旱西涝。

　　都江堰坐落在成都平原之上，在世人的眼里它是古代人智慧的结晶。都江堰是中国水利工程的一座丰碑，不仅成功解决了蜀地的水旱灾害，还使成都变成了沃野千里的天府之国，其功在当代，利在千秋，而今经过了两千多年的洗礼，都江堰仍旧发挥着重要的作用，并且依旧向人们诉说着千百年前的传奇诗篇。

　　都江堰还有自己的堰庙——二王庙，这里是供奉都江堰创建者李冰及其子二郎的地方，每年清明节都江堰都会举行盛大的放水节，会复原古代祭祀仪式，人们也会自发来二王庙进行祭拜。农历六月二十四是李冰诞辰，也会有热闹的祭拜活动。

　　可以说如果没有李冰父子主持修建都江堰工程，就没有今天的天府之国，也没有今天成都平原的富饶。可以说，是都江堰，是李冰父子，造就了今天土地肥沃、山青水美的四川。

美味川菜
一菜一格，百菜百味

在中国，没有人比四川人更爱吃。四川人对食物的专注造就了"川菜"，从秦砖汉瓦的高堂正厅之畔伴随着袅袅炊烟，绵绵不绝地飘到了今天。如今，对四川人而言，口福就是幸福的一大部分。川菜浓郁的味道和深厚的历史积淀浸透在四川人的血液里，随着他们飘游的身影向四方散逸。

川菜是当今我们中国的四大菜系之一，别具一格的烹饪方法与浓郁的地方风味融合了东南西北的特点。川菜文化是随着时间的推移一点点沉淀下来的，每一道川菜的名字都蕴含着很深的文化底蕴。川菜菜式繁多，很多人吃过川菜后会感觉到吃了忘不了，吃了还想吃，这就是川菜的魅力所在。

川菜十分古老，秦汉已经发端。公元前3世纪末叶，秦始皇统一中国后，大量中原移民将烹饪技艺带入巴蜀，原有的巴蜀民间佳肴和饮食习俗精华与之融汇，逐步形成了一套独特的川菜烹饪技术。张骞出使西域，引进胡瓜、胡豆、胡桃、大豆、大蒜等品种，又增加了川菜的烹饪原料和调料。两宋时，川菜跨越了巴蜀疆界，进入东都，为世人所知。明末清初，川菜利用辣椒调味，使巴蜀时期就形成了的"尚滋味""好辛香"的调味传统，进一步有所发展。

说到川菜，怎么能不提火锅。四川的火锅早在左思的《三都赋》中就有记录，火锅在外地人看来没啥区别，只有到了成都这个满城飘着火锅香味的地方，才会有人认真问你，你是要吃传统老派的，还是要吃流行新派的……亲戚相聚，朋友小酌，围着火锅边吃边聊，无拘无束，浓香热气与和睦的气氛交融，其乐无穷。

四川无疑更是一座小吃的天堂。那里小吃品种的丰富多样，可以从令人观止到令人吃止。冬天的麻辣烫、夏天的冷啖杯、口味霸道的冒菜和酸辣粉，无不叫人流连忘返。走在四川的大街小巷，随处可见大大小小的串串香铺子，红漆的矮方桌、小凳子和热气腾腾的一锅红汤以及那一大把一大把的竹签，构成了四川别具特色的一景。

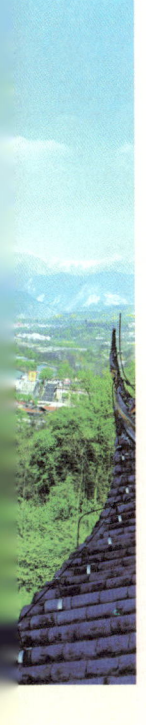

国宝熊猫
大熊猫的栖息地

天府之国的宜人气候为各种野生动植物提供了优良的生存环境。川西横断山区是中国三大林区、五大牧场之一；被称为"活化石"的水杉、红杉等珍稀树种占了中国的 1/5 以上；还有大熊猫、金丝猴、扭角羚、白唇鹿等国家重点珍稀保护动物达 50 多种。其中，尤以大熊猫最为珍贵。

大熊猫是一种有着独特黑白相间毛色的活泼动物，体型肥硕似熊，头圆尾短。头部和身体毛色绝大多数为黑白相间，即鼻吻端、眼圈、两耳、四肢及肩胛部为黑色，其余头颈部、躯干和尾为白色，腹部淡棕色或灰黑色。

据研究，大熊猫已在地球上生存了至少 800 万年，距今几十万年前是大熊猫的极盛时期，大熊猫的栖息地曾覆盖了中国东部和南部的大部分地区，后来同期的动物相继灭绝，大熊猫却孑遗至今，并保持原有的古老特征，因而被誉为"活化石"，中国把它誉为"国宝"。

川剧变脸
艺术瑰宝

一方天地，一出戏，演绎着悲欢离合、人生百态，仿佛是人生袖珍的舞台。台上是公子小姐的情情爱爱、风流逸事，是壮士扼腕、英雄暮年的悲伤，台下是密密麻麻的人群，是戏外的天地，是人头攒动的喧闹。循着戏文中的故事，追寻那些流年里淡了的人烟、荒了的阁楼，以及流沙般握不住的时光，仿佛一缕轻烟，随风飘散。

川剧是四川文化的一大特色。早在唐代就有"蜀戏冠天下"的说法。清代乾隆时在本地车灯戏基础上，吸收融汇苏、赣、皖、鄂、陕、甘各地声腔，形成含有高腔、胡琴、昆腔、灯戏、弹戏五种声腔的用四川话演唱的"川剧"。

从传统到现代，从东方到西方，自诞生伊始，川剧就打上了蜀地风土人文的深刻烙印。它包含生、旦、净、末、丑五个行当，尤以小生、小丑、小旦的表演最具特色。四川剧高腔曲牌丰富，唱腔美妙动人，最具地方特色，是川剧的主要演唱形式。川剧语言生动活泼，幽默风趣，充满鲜明的地方色彩，具有浓郁的生活气息和广泛的群众基础。

变脸是川剧绝活中最为知名的一个。相传"变脸"是古代人类在面对凶猛野兽的时候，为了生存把自己脸部用不同的方式勾

读懂四川 |

众所周知，目前大熊猫分布范围已十分狭窄，仅限于中国的秦岭南坡、岷山、邛崃山、大小相岭和凉山局部地区。这些地区是全球最大、最完整的大熊猫栖息地，也是全世界温带区域中植物最丰富的区域。被誉为"国宝"的珍稀动物大熊猫，85％栖息在四川西北的崇山峻岭之中，四川因此被誉为"大熊猫的故乡"。

画出不同形态，以吓跑入侵的野兽。川剧把"变脸"搬上舞台，用绝妙的技巧使它成为一门独特的艺术。

　　身着斗篷的艺人一抬手、一挥袖，黑脸、白脸、红脸、花脸、鬼脸……十几张脸就在短短的时间里变幻莫测。不同的脸谱代表不同情态，用以表现剧中人物的情绪和心理状态的突然变化，达到"相随心变"的艺术效果。这门神奇的民族艺术曾令国际魔术泰斗大卫·科波菲尔惊讶不已，反复琢磨仍不得其奥秘。所以，尽管已经流传了很多年，但是只要有变脸表演的地方，必然掌声不断。

动漫乐园
再造哪吒，引爆动漫

2025年春节，动画电影《哪吒之魔童闹海》以破竹之势，迅速成为中国影史首部百亿元票房影片，打破了几十项中国影史纪录，并登顶全球动画电影票房榜。

在《哪吒之魔童闹海》的背后，包含近2000个特效镜头、超1万个特效元素，超过百家国内动画团队参与制作。这离不开成都动漫产业的崛起。早在2006年，成都就被列为国家级游戏动漫产业发展基地之一。此后，陆续诞生了《流浪地球》《十万个冷笑话》《哪吒》《王者荣耀》等动画电影和游戏作品。

天府长岛数字文创园位于成都高新区，聚焦发展游戏电竞、数字音乐、影视动漫、数字传媒等细分领域，总占地面积约278亩，紧邻文化艺术中心与锦城湖，周边紧邻铁像寺、大源中央公园、骑龙公园等文创旅游节点。

这里是动画电影《哪吒》系列的诞生地，电影制作链上的关键企业集聚在此：可可豆动画负责出品制作，墨境天合负责视觉特效，千鸟动画负责美术设计……

随着《哪吒》系列的火爆全球，天府长岛数字文创园热度不减，并正以其独特魅力和创新动力，成为成都当下最热门的打卡地之一。

此外，天府国际动漫城也于2024年正式对外开放，探索构建线下数字文创产业集群和数字文化消费新场景，成为成都人气新地标。

茶马古道
茶马互市

在中国西南地区，绵延着一条以马帮运输为主要方式的古代国际商道，这就是茶马古道。

茶马古道是世界上通行里程最长、路途最艰难的古代商路，总行程在万里以上，几乎没人能够走完全程。它源于古代西南边疆和西北边疆的茶马互市。中原地区的人们喜欢藏区的马，这边的马普遍持久力惊人并且剽悍善战，适合做战马；而藏族同胞发现茶可以解腥除油，于是交易便从此开始。茶马古道就是马驮着重达百万斤的茶叶，稳步于古道之上。

历史上的茶马古道是一条商贸之路，贯通东西，也是转经朝圣之路。那些前往拉萨的虔诚的朝圣者，不断在崎岖蜿蜒的茶马古道上踽踽而行，有的更是磕着等身长头，从四川的康巴地区一步步直到遥远的西藏拉萨。

在茶马古道通往西藏的沿途，那些从来不为人知的民间艺术家，在长达千年的漫长时光中，在路边的岩石上雕刻了无数的经文、佛家形象，那些或粗糙或精美的造像也见证了这条千年古道上的荏苒光阴。

美酒飘香
玉液琼浆饮不够

中国是世界上酿酒历史最早的国家，悠久的酒文化带着醇香，为嘈杂的人世增添了一份洒脱的意味。

四川自古就是名酒的故乡，工艺独特，味道香浓，驰名海外。秦汉时期，酿酒业普及巴蜀各地，酒就作为一种消费品遍及民间。宋时的一些名酒如鹅黄酒等在元代仍然享有盛名。明清时期是川酒发展的重要阶段，白酒生产工艺普遍推广，著名的泸州老窖就建成于明代中叶。

四川是中国水资源最为丰富的地区之一，而且因其靠近青藏高原等中国大多数河流的发源地，有酿酒

羌族文化
古老而又神秘

羌族的文化艺术具有独特的民族风格。羌族民间音乐原始古朴，格调清新，犹如远古先民的呐喊之声。羌笛音色明亮，清脆婉转，主要用于独奏，羌笛的声音常给人以虚幻迷离、动人心魄的感觉，羌族人民常用它来抒发喜怒哀乐、悲欢离合的情感。

在羌族的习俗中，巫觋的地位比较高。不管是红白喜事都会请一位巫觋，巫觋以卜筮、巫词、咒语、歌舞等手段制造气氛，沟通人神之间的"联系"，其中尤以舞蹈为重要的手段。羌族巫舞最早是羌族祭祀所用的一种舞蹈，巫舞因手持道具不同，舞法有别，又因人而异变化颇多。羌语称为"莫恩纳莎"的羊皮鼓舞，是羌族最原始的舞蹈，主要在祭神、驱鬼、求福、还愿，以及送死者灵魂归天等祭祀活动中由释比表演，具有浓厚的宗教色彩。在表演歌舞时，还常常以羌笛、小锣、手铃、唢呐、羊皮鼓等乐器伴奏。

羌族还以独特精湛的建筑艺术著称于世，主要是碉楼。在岷山中穿行，不时能够看到富有特色的羌族碉楼和石砌房。羌族碉楼是羌族人用来御敌、储存粮食柴草的建筑，一般多建于村寨住

读懂四川 |

的绝佳用水。成都的绵竹糯米、大米，以及川南丘陵赤水河流域的米红粱，都是川酒醇香的奥秘。四川的名酒有五粮液、泸州老窖、剑南春、全兴大曲、郎酒、沱牌、水井坊等，"凡有酒店处，势必售川酒"，无论在喜庆盛会，或是燕居小饮，无不"启封香溢惊四座，才饮一盏即醺人"。

四川佳酿名扬四海，香飘万里，是中华民族酒文化的一枝奇葩。

房旁。碉楼的高度在 10 米至 30 米之间，建筑材料是石片和黄泥土，以石片砌成。最让人惊叹的是羌族碉楼的修建，匠人不绘图，吊线、柱架支撑，全凭高超的技艺与经验。碉楼建成后稳固牢靠，经久不坏。

刺绣是我国古老的手工艺品，是在织物上用针穿上各种彩线而绣出的图画，羌族刺绣是羌族人自己的艺术品，是羌族人民智慧的结晶。早在明清时代，刺绣已在羌族地区盛行，后来挑花技艺也为羌族妇女喜爱，其针法除挑花外，还有纳花、纤花、链子和平绣等。挑绣图案的内容多为吉祥如意。

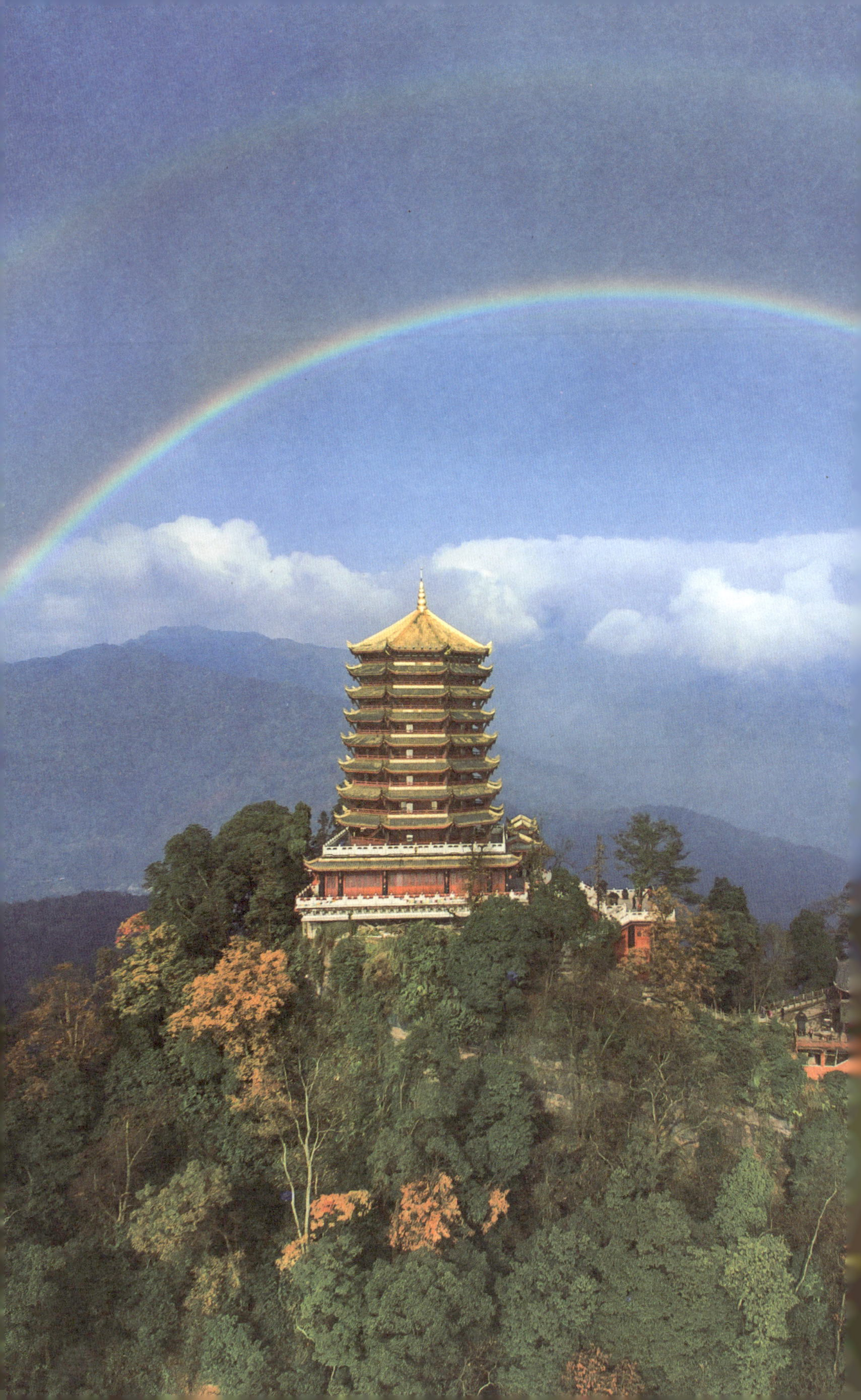

第1章
成都及周边

成都市区
黄龙溪古镇
都江堰
青城山
西岭雪山
安仁古镇
三星堆博物馆

四川深度游
Follow Me
慢旅行的倡导者

成都市区

巴蜀文化发源之地

微印象

@-薇蓝栀子- 一直很想去成都，想去看看这座"麻辣城市"的生活。据说那儿的生活很闲适。至于那名声在外的川剧变脸以及茶客生活，还有那满城尽飘麻辣味的火锅以及各种麻辣小吃，那就更不用说了。

@yun云遥 印象中的成都是一座闲得淡出水的城市，摆龙门阵，喝盖碗茶，打打麻将，吃吃美食，可能人生最闲情逸致的事都可以在成都找到，有道是"少不入川，老不出蜀"。

门票和开放时间

景点	门票	开放时间
武侯祠	50元	9:00~18:00
杜甫草堂	50元	9:00~18:00
金沙遗址博物馆	70元	9:00~18:00。每周一闭馆（法定节假日和1月、2月、7月、8月除外）
宽窄巷子	免费	全天开放
锦里古街	免费	全天开放
文殊院	免费	8:00~17:00
青羊宫	10元	8:00~18:00
洛带古镇	免费	全天开放
大熊猫繁育研究基地	55元	淡季8:00~17:30；旺季7:30~18:00

最佳旅游时间

成都的最佳旅游季节是春秋两季，这时候的成都气温适中，气候较好，适合游玩。

景点星级

特色★★★★　人文★★★★　休闲★★★　浪漫★★★　美丽★★　刺激★★

成都及周边

成都，别称"蓉城"。闲适的生活节奏是这座城市的名片，而满街的川菜馆、火锅店、好吃的串串更是让人流连忘返。这是座慢悠悠的城市，闲适是这里的品性。在成都，最不适合走马观花。你可以在游荡之中，体会这里的繁华与安详。

安逸休闲的语言，用来描述成都最适合。洁净清新的空气，厚重的人文积淀，怡人的自然山水，闲适包容的城市风情，来了成都便不想走。

在成都这个逍遥自在的城市，早上起来可以在路边摊吃一份豆浆油条，看书读报打发一个上午；中午去感受一下正宗的成都火锅，然后捧一碗茶，将大把时光挥霍掉，亲身体验一下巴蜀的茶文化；下午可以去熊猫基地看看憨态可掬的大熊猫；晚上去看表演精湛的川剧变脸；睡不着觉的不能错过"西蜀第一街"——锦里，百年木板门，千载石板路。漫游锦官故里，争仰蜀相遗徽。

❶ 武侯祠

成都武侯祠又名"汉昭烈庙"，是纪念三国时期蜀汉皇帝刘备和丞相诸葛亮，以及其他蜀汉英雄的合祀祠宇，为中国唯一的君臣合祀祠庙，享有"三国圣地"之美誉。

整个武侯祠坐北朝南，主体建筑正门、二门、刘备殿、诸葛亮殿、三义庙等五重建筑严格排列在从南到北的一条中轴线上，殿宇重重，布局严谨，庄严肃穆。祠内以文、书、刻号称"三绝"的《蜀丞相诸葛武侯祠堂碑》最为知名。武侯祠不仅人文底蕴深厚，园林景观也十分丰富，它们和这些人文景观交相辉映，组成了中国影响最大的三国遗迹。

武侯祠示意图

031

Follow Me 四川深度游

> **攻略**

1. 武侯祠中的三绝碑旁边还嵌有岳飞书写的前后《出师表》草书石刻；三绝碑对面的明碑，明嘉靖二十六年（1547年）立，四川巡抚张时彻撰文，碑文主要介绍了武侯祠的历史沿革。
2. 三义庙后面建有一座仿古建筑的结义楼，里面开辟了茶室，逛累了可以坐在那里一边品着绿茶，一边欣赏着戏台上的精彩表演，如川剧、昆剧。

> **链接　刘备究竟身葬何处**

刘备攻打吴国失败后，退到了白帝城，于章武三年（223年）农历四月二十四日（公历6月10日）病逝。农历五月，诸葛亮扶灵柩回成都，八月下葬。他最后身葬何处主要有三种说法。

一说认为刘备的墓葬就在成都武侯祠，因为上述的史料来源于陈寿的《三国志》，陈寿是蜀汉的观阁令史（从事文献档案管理工作），在蜀汉生活了30年，他想必知道刘备的葬处。

二说刘备墓在四川彭山的莲花坝，成都的武侯祠只是刘备的"衣冠冢"。

三说刘备葬于奉节。南宋学士任渊所作《重修先主庙记》中也说，成都惠陵只是弓箭墓，不是真墓。但这一说法又和《三国志》的记载不合。

❷ 杜甫草堂

公元759年冬天，杜甫为避"安史之乱"，携家入蜀，在成都营建茅屋而居，称"成都草堂"。杜甫先后在此居住近四年，创作诗歌流传至今的有240首，草堂故居也因此被视为中国文学史上的"圣地"。

草堂完整地保留着清代嘉庆重建时的格局，分为草堂旧址、梅园和草堂寺三个区域。草堂旧址内，照壁、正门、诗史堂、柴门、工部祠排列在一条中轴线上，两旁配以对称的回廊与其他附属建筑，其间有流水萦回，小桥勾连，竹树掩映，显得既庄严肃穆、古朴典雅又幽深静谧、秀丽清朗。

草堂博物馆内珍藏有各类资料三万余册，文物两千余件，包括宋、元、明、清历代杜诗精刻本、影印本、手抄本及近代的各种铅印本，还有15种文字的外译本和朝鲜、日本出版的汉刻本120多种，是有关杜甫平生创作馆藏最丰富、保存最完好的地方。成都杜甫草堂因诗名扬天下，借诗圣而后世流芳。

成都及周边

链接　诗圣文化节

每年的春节期间草堂都会举行盛大的诗圣文化节以纪念杜甫，以弘扬诗歌文化为主线，以热闹的春节民俗活动为辅线，让人同时感受传统诗歌文化魅力和新春的气氛。主要活动有祭拜仪式、诗歌朗诵会、盆景展、全园巡游、唐代蹴鞠等。

亲子研学

三人同堂的缘由

草堂工部祠内之所以同时供奉三位诗人，是因为殿内若只塑杜甫一人，异乡作客，未免过于孤单，而黄庭坚、陆游皆为诗歌成就极高的大家，虽不同朝代，但如果三人一堂，既能共论诗艺、免除冷清，又可同受祭礼、以盛香火。而清人的一副"荒江结屋公千古，异代升堂宋两贤"的对子则对此举做了很好的诠释。

攻略

1. 草堂东面楠木林中矗立有一座万佛楼，凭栏远眺，可把蓉城美景尽收眼底，非常适合拍远景照。
2. 茅屋附近的梅园内植有很多品种的梅花，每逢冬季都会举办红梅艺术展。除了欣赏绚丽多姿的梅花外，与此同时还举办梅花祝福、画梅花妆、饮梅子酒、梅花艺术插花等活动。

❸ 金沙遗址博物馆

遗址分布范围约为5平方千米，是公元前12世纪至前7世纪长江上游古代文明中心——古蜀王国的都邑，出土了世界上同一时期遗址中最为密集的象牙、数量最为丰富的金器和玉器。金沙遗址的发现，为破解三星堆文明消亡之谜找到了有力证据，并把成都城市史提前到了3000年前。

金沙遗址博物馆是在遗址上兴建的专题博物馆。博物馆占地面积30多万平方米，其建筑简洁大方，与遗址环境浑然一体，由遗迹馆、陈列馆、文物保护与修复中心、游客中心和园林区组成。

攻略

景区内的金沙剧场定时播放《梦回金沙》4D电影，影片通过高超的技术手段展示了古蜀王国的景象，这个遥远而神秘的国度曾经历了肆虐的洪水、庄严的祭祀、惨烈的战争、感人的禅让等历史场景，特效十分动感震撼，宛如身临其境。

同时金沙剧场内会定期播放音乐剧《金沙》，用音乐和故事的形式来展示3000年前的灿烂古蜀文明。

Follow Me 四川深度游

链接　太阳神鸟内涵

博物馆的主道路西侧是"中国文化遗产标志"纪念雕塑——太阳神鸟广场。太阳神鸟金饰呈圆形，器身极薄，图案采用镂空方式表现，内层分布有12条旋转的齿状光芒，外层图案由4只飞鸟首足前后相接。4只神鸟围绕着旋转的太阳飞翔，中心的太阳向四周喷射出12道光芒，体现了远古人类对太阳及鸟的强烈崇拜，所以又被称为"四鸟绕日"，是古蜀国黄金工艺辉煌成就的代表。

环绕太阳飞翔的4只神鸟反映了先民们对美好生活的向往，体现了自由、美好、团结向上的寓意；圆形的围合也体现了保护的概念；12道太阳光芒与4只鸟的"十二"与"四"是中国文化经常使用的数字，诸如十二个月、十二生肖、四季、四方等，表达了先民们对自然规律的深刻认识。现在，成都很多地方均使用太阳神鸟的标志，如天府广场、宽窄巷子等，均体现了金沙遗址的文化内涵。

小贴士

遗迹馆的北边有一片乌木林，它是考古人员根据乌木发掘遗迹复原而建的。65根乌木矗立在一片沙地上，奇特壮观。这些乌木体态各异，有的笔直如剑，有的弯弯曲曲，使人亲身感受四川古代繁茂的生态环境，同时也可以看出四川古代气候的变迁历程。

❹ 宽窄巷子

宽窄巷子是成都遗留下来的较成规模的清朝古街道，由宽巷子、窄巷子和井巷子3条平行排列的城市老式街道及其间的四合院群落组成，与大慈寺、文殊院一起并称为成都三大历史文化名城保护街区。

在宽窄巷子能触摸历史纹路，也能体味成都最原汁原味的休闲生活方式，走进宽窄巷子，就踏入一张既浓缩巴蜀古韵、又跃动时尚脉搏的成都名片。这里还是成都夜晚最热闹的地方，形成了以酒吧、创意时尚为主题的时尚动感娱乐区，在最经典的悠长巷子里，享受着自由创意的快乐。

成都及周边

攻略

1. 可以在成都原味生活体验馆里听几十年前的老成都人"摆龙门阵",看成都女孩绣蜀锦,晚上看皮影、木偶戏、即兴写书法等。

2. 位于宽窄巷子40号的莲上莲曾是著名画家李华生的旧宅,在这个小院内不仅能欣赏到异国风情的家居摆件,还能享受到异国匠人纯手工宝石饰品定做服务。

3. 巷子内有一家"古今屋语"的家具馆,以经营中式家具、配饰、工艺品为主,店内收藏展示的民俗家具可谓是其一大特色,有老式的床、桌、太师椅、官帽椅、小姐椅、衣箱、摇篮、坐车等古家具,如有兴趣收藏可以逛一逛。

4. 井巷子内有一面历史文化景观墙,是一段400米东西朝向的墙体,分为"历史的背影""历史的表情"和"历史的直面"3个篇章,有宝墩遗城、汉砖遗风、宋砖古道、街沿斗鸡、砖门喝茶、天井搓牌等。

黄龙溪古镇
天府第一名镇

微印象

@刘备 黄龙溪古镇很美丽，有点江南小镇的感觉。整个古镇建筑群庞大，游人置身其中，犹如穿越！

@迷失 在宏伟的飞龙吐水的引路下，沿着石板路和小溪边走向古镇的主景区。石板路和小溪两面是仿古的建筑，不愧是西南第一古镇，值得一去，绝不逊色于江南古镇。

最佳旅游时间

到黄龙溪古镇游玩一年四季皆宜，但最好的游玩时间是在春末夏初时节，此时气候温和，可以玩水。

进入景区交通

位置：成都市双流区黄龙溪镇，距天府广场约41千米。

交通：地铁5、6号线回龙站转乘S18路快线公交可到黄龙溪。

景点星级

特色★★★★　人文★★★★　美丽★★★★　休闲★★★　浪漫★★★　刺激★★

成都及周边

　　黄龙溪古镇全镇由一湖、两河、六寺、七街、九巷组成，古街、古巷、古树、古庙、古堤堰、古民居、古码头、古战场、古岩墓和古衙门，共同构成了独具特色的黄龙溪古镇。

　　古镇内明清时代的建筑比比皆是，青石板铺就的街面、木柱青瓦的楼阁房舍、镂刻精美的栏杆窗棂，无不给人以古朴宁静的感受。走过一条街，又见一道巷，脚下光溜溜的青石路、乌黑发亮的门板、古色古香的招牌，透着浓浓古意。

　　古镇上仅200多米的黄龙正街分别建有古龙寺、潮音寺、镇江寺，称为"一街三寺庙"；清末民国初年华阳、彭山、仁寿三县在此共设一衙门，称之为"三县一衙门"。"一街三寺庙，三县一衙门"也成为古镇最著名、最奇特的文化遗存。镇内还有6棵树龄均在千年以上的大榕树，枝繁叶茂，遮天蔽日，雄浑厚重，给古镇更增添了许多灵气。

攻略

古镇内的影视基地曾经拍摄过多部影片，如今游客可以报名充当拍摄影视作品里的演员，感受多部影视剧的拍摄经历，还能拍一些古装照片作为纪念。

　　古镇上最有特色的还是它的茶馆，路两旁、河堤上、竹林下，"一"字展开的竹台、竹椅、竹凳，还有花花绿绿的太阳伞，成为古镇上一道诱人的风景。

解说　古镇名称由来

黄龙溪古镇古称赤水，《水经注》载："武阳有赤水其下注江。建安二十四年，有黄龙见此水，九日方去。"又梁虞《荔鼎录》记："蜀章武二年，黄龙见武阳之水九日，铸一鼎，像龙形沉水中。"千古一溪，因此得名"黄龙溪"。

❶ 吊脚楼

　　古镇的主要街道建于明末清初，包括正街、新街、横街、上河街、下河街在内的7条街都是由石板铺就。两旁是临河而立的飞檐翘角干栏式吊脚楼。它们大多建于明末清初，建筑属两层楼全木结构，错落有致，屋柱用大杉木凿眼，柱与柱之间用大小不一的杉木斜穿直套连在一起，十分坚固。院落之

037

Follow Me 四川深度游

间廊庑穿插，厅堂轩昂，体现了传统古建筑的鲜明特点。民居的门前屋顶细部尤为精彩，木雕、砖雕、绘画等工艺技术精湛，造型十分生动。

攻略

1. 可以骑着单车在古镇里随意游览，看看这里的古寺庙、吊脚楼、古崖墓、上古牌坊等。骑车累了，可以走进一间茶馆，喝一杯幽香的浓茶，感受一下成都人的悠闲。

2. 镇上的唐家烧房是清末至民国年间一家著名的酿酒作坊。烧房呈"前店后家"传统格局。在这里可以买到作坊酿制的新酒，还可以观摩老式酿酒作坊的各种设施，了解酿酒的全过程。

3. 水流环绕经过，来到这里游船是不可少的游乐项目，主要有快艇、快船和慢船3种。船上船工一律马甲宽裤的打扮，乘游船随水漂流，可一边品尝河鲜美味，一边观赏江河两岸风景。

点赞

👍 @青涩往事 在江边喝喝茶，古镇里吃吃小吃，时间一下子就打发了。看着江边那些打牌、打麻将的成都人，忽然一下子就明白了安逸这个词的意义。

👍 @小学妹 古镇里的吊脚楼很有感觉，坐在里面可以喝喝茶，看看风景。

② 镇江寺—潮音寺

镇江寺位于正街最北端，是当时船帮为祭祀镇江将军杨泗而修建的庙宇，现在已经变成了一座佛教寺庙，入口处是弥勒佛和四大金刚，大殿内则供奉着"西方三圣"。

潮音寺坐落在正街当中，古时上元会、中元会、下元会都在此举行供天道场，祈祷风调雨顺。现在供奉观世音大士和弥勒佛。寺内有3块刻于清光绪时期的石碑，讲述了潮音寺的发展历史。

攻略

古镇于除夕夜到元宵节都会举办盛大的庙会，届时五彩斑斓的彩灯会竞相绽放，光亮夺目，如火龙灯、狮灯、牛儿灯、幺妹儿灯。此外，还能欣赏到滑稽小丑、死亡之轮、高空飞人等各种精彩的马戏表演。

③ 古龙寺

古龙寺是黄龙溪古镇修建最早的一座寺，位于古镇正街南首，坐南向北。古龙寺以古寺庙、古戏台、古榕树"三古"有机结合为一大特色，寺中兴建有弥勒殿、观音堂和大雄宝殿等建筑，香火终年旺盛。

寺内还建有一座"三县衙门"，因为历史上黄龙溪处于华阳县（今双流区华阳镇）、彭山县、仁寿县的"金三角"地带，是现今保存中全国唯一的三县衙门。衙门内放着许多古代公堂用具，如狗头铡刀、刑具、官服等。还有《芙蓉镇》《卓文君与司马相如》等影视剧在这里选景拍摄的图片展示。

古戏台占地103平方米，高8米，建于清初，距今已有300多年历史，是黄龙溪9个戏台仅存的一个。戏台南北各有一棵古榕树，已有900多年历史。两树树冠一度遮蔽了整个院子。

攻略

古龙寺内北边榕树树干分岔处中央，有一座约二尺见方的小庙，供奉"黄桷大仙之神位"；南边古榕树，盘根错节，严密包裹着一座小土地庙。这两棵古树，庙骑树、树裹庙，堪称"天下一绝"，值得一看。

成都及周边

❹ 大佛寺

　　大佛寺原建于明代，原先在旁边陡峭的崖壁上凿刻了一座大佛，高2丈余，史称为"蜀中第二"，后被毁。如今修复的坐式大佛高60米，占地面积300平方米，由汉白玉雕成，形态与乐山大佛相似，庄严端坐，面向河水，双手置于膝上，两眼平视远方。大佛像内为空心，陈列有佛教艺术品。大佛左右崖壁上凿有阿兰佛、迦叶佛两个弟子立像。

黄龙溪古镇示意图

攻略

　　火龙节是古镇传统的民俗项目，于每年正月初二晚上到元宵节举行，长长的龙嘴能够喷射炽热的火焰，周围的人可以用烟花喷烧舞动的龙身和舞龙的艺人，烟火喷射得越是密集和明艳，舞龙艺人的舞蹈就越会精神抖擞、兴致盎然，飞溅的火星在浓密的烟雾中彷佛在翩翩起舞。

陈家水碾：起于清朝嘉庆年，用溪水碾整个村子的谷物。闸起而作，闸谢而歌，水流稀薄但力量可不小。

三县衙门：历史上黄龙溪属华阳、彭山、仁寿"金三角"地带，遂设三县衙门，共管民事、水政及匪患。

Follow Me 四川深度游

攻略

住宿 驴友力荐的住宿地

古镇内有很多旅馆，古色古香，住临江的吊脚楼很有诗情画意，卫生条件尚可。

伍溪酒店：位于古镇老龙门外黄龙大道上。整个酒店以佛禅文化作为主体，以品茶、闻香、抄经和放生作为文化载体，以家一样的温暖传递着酒店的心意，用心让游客体验一种城市中久违的崇尚自然的态度和心境。

桥居阁酒楼：位于古镇主景区府河畔。是一座集餐饮、住宿、会议为一体的较大型服务酒楼，占地面积1800余平方米。主楼共四层：一楼是餐厅；二楼和三楼为客房，提供高、中档房间，能同时接待60人住宿，配有典雅的茶坊和棋牌室；四楼为娱乐室。

米怿清宿民宿：位于黄龙溪古镇主景区内，徒步可达黄龙溪古镇任意繁华景点街道。民宿倾力打造新一代轻奢风，还配备了高端的床品及洗漱用品，非常舒适。

美食 饕餮一族新发现

古镇的美食远近闻名，种类多种多样。诸如牛皮糖、芝麻糕、丁丁糖、猫猫鱼、臭豆腐、肥肠粉、黄辣丁等，最有名的招牌小吃是"一根面"，它的特色在于"一碗只有一根面，一锅也是一根面，一根面要多长有多长"，面条滑爽、柔韧弹牙、越嚼越有味道。

此外，古镇传统的石磨豆腐、黄辣丁、酥皮肘子、各种江鱼、牧马山地瓜、桂花芝麻糕、土制豆豉等，都是不可不尝的特色美食。

行程推荐 智慧旅游赛导游

一日游路线：黄龙溪古镇正街—新街—横街—上河街—下河街—复兴街—镇江寺—潮音寺—古龙寺—乘船游览黄龙溪河上风光—大佛寺。

特别提示

❶ 周末和节假日时镇上比较拥挤，建议不要选择周末去。

❷ 黄龙溪古镇夏季多雨，外出活动一定要带雨具（特别是夏季，多暴雨），背着很重的背包撑一把伞行走会很不方便，所以最好带件雨衣出行。

都江堰

世界水利文化的鼻祖

微印象

@湘楚人士 都江堰真的很壮观，不愧为古代第一水利工程，即使烟雨蒙蒙，也别有一番滋味。

@白马非马 印象最深的是都江堰的水，碧绿碧绿的，虽然去的时候正好是枯水期，但在岸边静静地看着脚下淌过的冰山雪水，听雪水激起的阵阵浪花声，暖暖的阳光下，也算是一份宁静的收获！

门票和开放时间

门票：80元。

开放时间：3月2日至10月31日，8:00~18:00；11月1日至次年3月1日，8:00~17:30。

最佳旅游时间

都江堰气候宜人，全年都适合旅游。夏季时，这里会举办都江堰消夏夜啤酒节，热闹非凡，颇有狂欢架势。春季去都江堰也是不错的选择，在都江堰放水节和二王庙庙会（李冰文化旅游节）期间，可以进一步了解当地的民风民俗和都江堰的水文化。都江堰的降雨多集中在5~9月，此期间前往要注意防雨。

进入景区交通

位置：成都都江堰市灌口镇。

交通：

1.公交车：在都江堰火车站乘坐4路或9路公交车到离堆公园站下，即到都江堰景区。

2.自驾车：成都市区沿着成灌高速行驶至都江堰出口下高速，然后沿着观景路—百花岭路行驶至都江堰北门停车场。

景点星级

美丽★★★★　特色★★★★　休闲★★★★　人文★★★★★　刺激★★★　浪漫★★★

041

Follow Me 四川深度游

一座山，一湾水，一道堰；山倾城，水蕴美，堰传奇。一项工程，浩荡2000年功能不减，滋养庇佑着世世代代巴蜀人民，它就是都江堰。

都江堰渠道工程位于青城山麓的岷江干流上，包括鱼嘴、飞沙堰和宝瓶口3个主要部分。大坝建于公元前3世纪，是中国战国时期秦国蜀郡太守李冰及其子率众修建的一座大型水利工程，是全世界至今为止，年代最久、唯一留存、以无坝引水为特征的宏大水利工程。它不仅是中国水利工程技术的伟大奇迹，也是世界水利工程的璀璨明珠。

亲子研学

都江堰是怎样运行的

都江堰利用渠首的鱼嘴、飞沙堰、宝瓶口三大主体工程有机配合，相互制约，协调运行，起到引水灌田和分洪减灾的作用。宝瓶口是在伸向岷江的长脊上凿开的一个口子，起"节制闸"作用，能自动控制内江进水量；飞沙堰的作用主要是当内江的水量超过宝瓶口流量上限时，多余的水便从飞沙堰自行溢出；鱼嘴把岷江分成内外二江，一边用于排洪，一边用于灌溉。

攻略

1. 每年的清明节期间城隍庙都会举办热闹的放水节，以纪念李冰父子。届时上百名勇猛的汉子涌上舞台抬竹笼而舞，伴随着"放水啰！"的呼声，通天的江水直泻而下，四处水流奔涌。此外，还有各种精彩的文艺演出。

2. 每年农历六月二十四日和六月二十六日二王庙会举行盛大的庙会，传说分别是二郎神和李冰的生日，这两天川西人民不辞艰苦跋涉，带着祭品，来庙祭奠。

3. 站在二王庙秦堰楼或是玉女峰的观景台上远看都江堰，震撼无比。岷江从山里滚滚而来，在拐弯处被鱼嘴分水堤一分为二，另一边在飞沙堰和宝瓶口的设计下，发挥着引流入渠和溢洪排沙的作用。

❶ 城隍庙—二王庙

城隍庙始建于清乾隆年间（1736—1795），建筑群分为上下两区，呈"丁"字形，分为马王殿、城隍大殿、娘娘殿、财神殿等建筑。城隍大殿为城隍庙主殿，正中悬有"公正廉明"牌匾，下面则是审察办案的公堂，据说，每当深夜，城隍便派遣小鬼将犯罪魂魄拘押到此审判。

二王庙位于岷江东岸的玉垒山麓，初建于南北朝，是为纪念李冰及其子二郎而修建的。庙内供奉有李冰和二郎的塑像，石壁上嵌有李冰以及后人关于治水的格言；后殿右侧有画家张大千、徐悲鸿等人的碑刻。

成都及周边 |

❷ 安澜索桥

　　安澜索桥始建于宋代以前，被茅以升誉为"中国古代五大桥梁"之一，是都江堰最具特征的景观。大桥横跨内江、金刚堤和外江，原先以木排石墩承托，粗如碗口的竹缆横挂江面，上铺木板为桥面，两旁以竹索为栏。后毁于战火。现在的桥下移了100多米，将竹改为钢，承托缆索的木桩桥墩改为混凝土桩，更加坚固。

点赞

👍 **@我是顾雯** 在都江堰，看看安澜索桥、二王庙，体会一下水利工程的壮观景象，必会被这巧夺天工的智慧感染。

👍 **@烧豆腐** 整个景区内印象最深的就是安澜索桥，因走的人较多，桥晃得很厉害，但是走上去之后很刺激。看着脚下湍流而过的江水，敬佩之情油然而生！

❸ 鱼嘴分水堤

　　鱼嘴分水堤位于岷江出山口1950米处岷江湾道江心，形如弯月。前端扁平入水，形如鱼的嘴巴，故名"鱼嘴"。它把岷江一分为二，左边称为外江，是岷江的主流，主要用于排洪，右边沿山脚的是内江，为人工引水渠道，主要用于灌溉。它充分利用地形地势起着调节水量的作用。除此之外，鱼嘴还有排沙的重要功用。

点赞

👍 **@小鱼儿** 看完鱼嘴构造后，非常佩服李冰的智慧，完美的水利工程设计，哪怕今天看来依然非常完美。

👍 **@爆米花** 一进景区大门便是满眼的绿色，大坝非常壮观，在鱼嘴上的平台上拉全景拍照视角很好，幸运的话还可拍到水面上的飞鸟惊浪的情形。

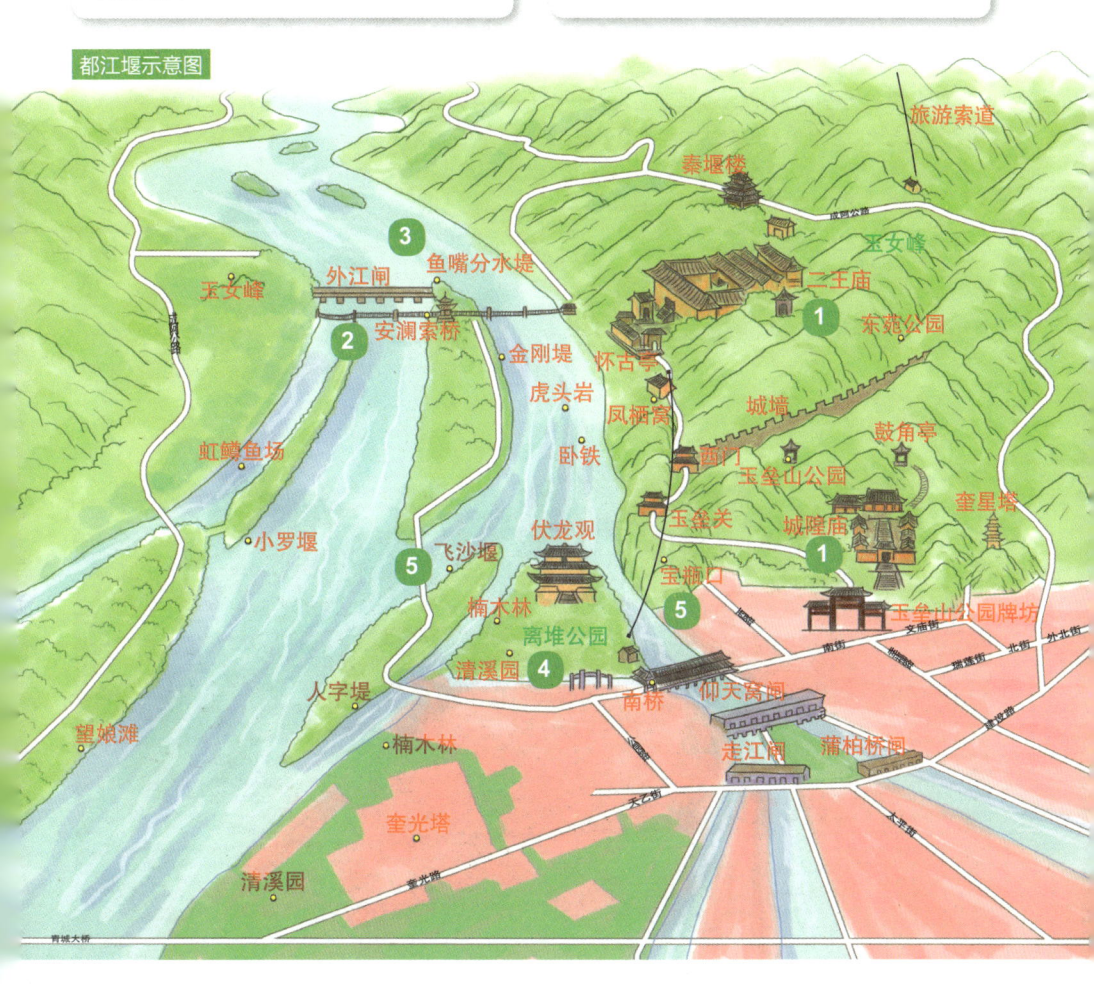

都江堰示意图

043

Follow Me 四川深度游

❹ 离堆公园

离堆公园位于宝瓶口左侧，占地6万平方米，因园内有李冰率众凿山的离堆而得名。园内亭楼阁廊，古朴典雅，假山喷泉，林木葱茏，盆景桩头，丁姿百态，奇花异卉，争芳斗艳。园内有成片的古树林、梅花园、桂花园、盆景园和海棠园，还有离堆、伏龙观、李冰石像、飞龙铁鼎、峋嵝碑等文物古迹。

攻略

离堆公园内的古树名木掩映下，有一座建筑考究的天府源老茶馆。这里绿水环绕、古朴典雅。馆中有茶道表演、古乐演奏、歌舞表演；可在古乐中品一杯香茶，欣赏一下琴棋书画或者栏下的风光。

解说

离堆公园内最有名的是"桩头六宝"，即紫薇花瓶、张松银杏、紫薇屏风、玉瓶迎宾、乌龙出岫、紫薇手掌。其中紫薇花瓶用银薇制成，高约5米，树龄已有1300年，树干通过密植和盘扎，形如镂空花瓶。

❺ 飞沙堰—宝瓶口

飞沙堰位于鱼嘴南方1070米处，堰口长200米，是确保成都平原不受水旱灾害的关键。它的主要作用是泄洪，当内江的水量超过宝瓶口流量上限时，把多余的水从这里排到外江，如果遇到特大洪水的情况，飞沙堰还会自动溃堤，让大量的江水回归岷江的主流；另一个作用是排沙，洪水越大，飞沙堰的排沙功能越强，这样就保证了内江水流的通畅。

宝瓶口是玉垒山伸向岷江的长脊上开的一个口子，因形如瓶口而得名。宝瓶口是内江水流进入成都平原的通道。它有固定的进水量，不管有多少水流入内江，只要超过了宝瓶口的接纳量，它都会一律拒之口外，从而保证成都平原有足够的水用于灌溉，同时也不至于遭受洪水灾害。

攻 略

成都及周边 |

住宿 驴友力荐的住宿地

住宿既可选择住在市区，也可住在景区内。市区的酒店多集中在观景路附近，有堰澜居客栈、西街人家民宿、都江堰玉瑞酒店等。

堰澜居客栈：是一家特色民居，环境幽美静谧，位于都江堰市一环路的宣华门古城之内。可近看竹林寺、灵岩古寺、玉垒山玉垒阁；远观财神赵公山、青城山。河山美色尽收眼底。

美食 饕餮一族新发现

景区毗邻都江堰市区，饮食极为方便，比较有特色的有西川红太阳串串香（地址：江安路32-36号）、城墙边私房菜（地址：宝瓶巷48-49号）、庭院小酌（地址：瑞莲街31-35号）、叶婆婆豆浆馍馍（地址：瑞莲街71号）、林记渣渣面（地址：西街62号）、岳记兴隆·青城腊排铜火锅（地址：观景路483号附16号）等。

城墙边私房菜：都江堰本地人喜欢去的一家店，位置在闽江边。环境幽雅，可以一边在长廊上用餐，一边吹着江风。特色菜有凉拌郡把、豇豆鱼、青椒小煎鸡等。

庭院小酌：是一家网红店，店里面装修得古色古香，有小桥流水，砖墙斜瓦，很适合拍照。在这里能吃到竹叶菜、花甲鸡、农家锅巴、软溜花鲢、手撕霸王兔等美味特色菜，上菜速度快，食材新鲜，服务热情。

此外，每年都江堰啤酒节期间的夜宵也十分出色，美味的河虾、小鱼和螃蟹都让人垂涎三尺，特别是江边夜宵和农家乐，都可一尝。

行程推荐 智慧旅游赛导游

一日游路线：景区东大门入—十龙殿—城隍庙—西关斗犀台—凤栖窝—玉垒关—二王庙—安澜索桥—鱼嘴—飞沙堰—宝瓶口—千万亩碑亭—离堆公园—伏龙观—清溪园—景区西大门出。

特别提示

❶ 若只以看江水大坝为主，一般游览1个小时就够，当天可赶往青城山，或从青城山下来后顺路游览都江堰。

❷ 地震后的都江堰城区和景区一些建筑上都贴有"危险"或"不可使用"标识，请远离不安全的场所，在安全的地方用餐、休息。

青城山

青城天下幽

微印象

@RoT凡尘 山不在高，有仙则灵。青城山不算高，但是浓郁的道家文化随处可见。

@众人皆醉 作为道教发源地的青城山从来都是集天下之幽而闻名，使人无限向往。

门票和开放时间

门票：青城前山80元，青城后山20元，后山白云万佛洞免费。

开放时间：5月1日至9月30日8:30~17:30，10月1日至次年4月30日8:30~17:00。

最佳旅游时间

春季和夏季是青城山的最佳旅游季节，虽然伴有少量降雨，但烟雨朦胧间的青城山却是独具魅力，颇有道家仙境的神秘感觉。另外，夏天的青城山是避暑的好去处，满山的绿色也让人心情舒畅。

进入景区交通

位置：成都都江堰市，前山入口在青城山镇，后山入口在泰安古镇。

交通：

1.火车：成都犀浦站有发往青城山站的城际列车，车程约半小时。下车后有公交车可到青城山景区。

2.自驾车：从成都市区沿着绕城高速—成灌高速行驶至青城山出口下高速，然后沿着G213—景区道路行驶即到。

3.公交车：如从都江堰景区前往，可直接从景区乘坐都江堰101路接驳公交。

景点星级

美丽★★★★　人文★★★★★　刺激★★★　特色★★★　休闲★★★　浪漫★★

成都及周边 |

青城山空翠四合，峰峦、溪谷、宫观皆掩映于繁茂苍翠的林木之中，道观亭阁取材自然，不假雕饰，与山林岩泉融为一体，体现出道家崇尚朴素自然的风格。古人记述中，青城山有"三十六峰""八大洞""七十二小洞""一百八景"之说，堪称青城山特色的还有日出、云海、圣灯三大自然奇观，其中圣灯（又称神灯）尤为奇特。

整个青城山分为前山和后山两大部分。前山是青城山景区的主体部分，景色优美，文物古迹众多，主要景点有天然图画、天师洞、上清宫等；后山水秀、林幽、山雄，高不可攀；冬天寒气逼人，夏天则凉爽无比，蔚为奇观，主要景点有金壁天仓、圣母洞、山泉雾潭、白云群洞、天桥奇景等。

❶ 天然图画坊—天师洞

天然图画坊建于清光绪年间（1875—1908），为一座十角重檐式的清代亭阁。站在亭中，放眼望去，远处龙居、天仓、乾元诸峰堆绿叠翠，葱葱茏茏，近边白鹭戏水，云雀翻飞，仿佛置于一幅美丽的天然图画中。

天师洞又称常道观，是青城前山最主要的道观，现有大殿三重，分别是三清殿、三皇殿和黄帝祠。三清殿是其主殿，为一座重檐歇山顶楼阁式建筑，殿中供奉的是道教至高无上的元始天尊、灵宝天尊和道德天尊三位尊神。

攻略

1.黄帝祠左侧有一洞，相传乃张道陵修炼之处，洞窟的最上层有一石龛，其中供奉着隋代雕刻的张天师石像，面有三目，神态威严。

2.天师洞东侧有60多米深的幽谷——掷笔槽，传说是张天师降魔时作符掷笔而成的。

点赞 　@珠峰之鹰 这是最喜欢的一个地方，曲径通幽处，非常完美。沿着台阶上行，四周是树木，呼吸顺畅，氧气充足，感觉美妙。

047

Follow Me 四川深度游

❷ 上清宫—老君阁

　　上清宫始建于晋代，现存建筑为清朝重建，宫前坐落着一座巍峨壮丽的石枋，上有张大千先生手书"青城山上清宫"额。正殿供有太上老君、纯阳祖师及张三丰塑像；东配殿名文武殿，供奉孔子和关羽。殿右有两口井——鸳鸯井，二井一方一圆，象征男女，尽管二井一源，却一清一浊，一深一浅，一温一凉，充满玄机。

青城山示意图

蓥华山
白云寺
地藏洞
卧佛洞　通天洞　观音三十二应身洞
九僧洞
玄庐
望云亭
白云古寨
熊耳亭
❹ 青城后山
桃花溪
白云索道
上站
天桥
梳妆池
下站
来风亭
双泉水帘洞
三叉亭
白龙吐水
上站
石穿潭
百丈桥
最幽亭
石笋岩
玉女潭　鸳鸯岛
五龙沟
幽谷飞泉
冷凝亭
祖师殿
三潭雾泉
（金娃娃沱）
同胜亭
访宁桥
金骊索道
渐玉亭
绿风亭
假银海休闲坪区度
假马家闲沟区度
假通灵沟休闲区度
海曼亭
索道广场
古磨
泰安寺
泰安古镇
蜀醪榭
通灵沟大桥
后山验票处
古印亭
五龙桥
神仙洞
玉垃非庶庶休闲区

成都及周边

老君阁位于青城第一峰绝顶，海拔高约1260米。阁基400平方米，共6层，下方上圆，寓意"大圆地方"，每层有8角，以示八卦。阁中供奉有太上老君的塑像，以徐悲鸿遗作《紫气东来》为蓝本塑造而成。像高13.6米，连牛身通高16米，塑像金光炫目，栩栩如生，自古及今，绝无仅有。

亲子研学

圣灯究竟为何物

"圣灯"传说是"神仙都会"青城山的神仙朝贺张天师时点亮的灯笼，称为圣灯。实际上，这只是山中磷氧化燃烧的自然景象。

攻略

1. 圣灯是青城山的四大奇观之一，上清宫是观赏圣灯的最佳观景处。每逢雨后天晴的夏日，夜幕降临后，在上清宫附近的观灯亭内可见山中光亮点点，闪烁飘荡，少时三五盏，忽生忽灭，多时成百上千，山谷一时灿若星汉。

2. 上清宫附近还建有一座观日亭，是观赏日出的好去处，每逢红日从东方冉冉升起时，远处一片霞光万丈，绚烂多姿。

3. 上清宫除了可以欣赏日出外，还能看到漫无边际的云海，如临大海之滨，浪花飞溅，惊涛拍岸，远山如黛，泼墨般若隐若现。

4. 老君阁为青城第一峰，上有呼应亭，在此可一览众山，是拍照的绝佳角度之一。

049

Follow Me 四川深度游

③ 玉清宫—圆明宫

攻略

　　玉清宫坐落在一个形似马鞍的山沟里，是一座著名的道观，殿有两重，一座是纯阳殿，供奉的是吕祖和丘祖；另一座殿供奉的是宁封丈人和药王孙真人。孙真人即医圣孙思邈，相传在此完成了《千金方》。

　　由玉清宫往上是圆明宫。道观始建于明万历年间（1573—1620），宫门两侧，翠竹作篱，青松相伴，中路有三重殿堂，布局依山走势，错落有致，重檐叠阁，独具风韵。依次为灵祖殿，供奉道教护法神王灵官；斗姥殿，供奉北斗众星之母——圆明道母天尊；后殿供奉地位仅次于三清的四御神。

　　景区有个月城湖，坐落在丈人峰和青龙岗之间，面积达3万平方米，纵目四望，碧绿的湖水，如明镜，如圆月，将四周林莽山容倒映水中。有兴趣的可以泛舟其上。

④ 青城后山

攻略

　　青城后山位于青城前山的背侧，从前山经过清溪桥、响水洞便是后山，相对于前山的众多道观而言，后山以"水秀""林幽""山雄""石怪"称奇。流水顺着峡谷或汩汩而流，或奔涌不止，山间林木繁茂苍郁，终年翠绿，繁花似锦，穿越山中的古道有着历史遗留的痕迹，犹如一处世外桃源。后山主要景点有泰安古镇、翠映湖、金鞭岩、神仙洞、圣母洞、五龙沟、白云群洞等。

　　1.味江河绕着景区所在的泰安古镇流过，河水清澈无比，有兴趣的可以划着竹筏顺着河水随性漂流，一览周边的秀丽风光。

　　2.翠映湖是一个几十米长的山间水潭，周围景色秀丽，水面清澈见底，微波粼粼，泛舟其上，两岸美景尽收眼中。

　　3.后山风景都围绕着山间的溪水，一路飞瀑和水潭，风景好的路线都是溪水流经的路线。推荐五龙坊—金娃娃沱—又一村—白云索道—天桥—翠映湖—百丈桥—金骊索道。

攻略

成都及周边

景区交通　多种方式自由行

❶ **索道**：景区内有索道直通山顶，前山索道单程35元，往返55元，路线为：月城湖—四望观；后山金骊索道单程30元，往返55元，路线为：飞泉坊—石笋堂；后山白云索道上行35元，下行30元，往返60元，路线为：又一村—白云寺。

❷ **渡船**：前山月城湖船票为往返10元/人，大约2分钟。

❸ **滑竿**：也称"轿子"，是青城山的特色交通工具，按里程收费。

住宿　驴友力荐的住宿地

青城山前山山门外及后山山门内外遍布大、中、小型各档宾馆、酒店、度假村，客房均很舒适干净。普通旅店便宜床位30元左右即可，豪华舒适的三星级宾馆在淡季均可打折。

另外，青城前山的上清宫、天师洞等道教宫观，以及后山的又一村、泰安寺等景点都可借宿，而且很便宜。

美食　饕餮一族新发现

洞天乳酒、洞天贡茶、道家泡菜和白果炖鸡被誉为"青城四绝"，此外山中所产的莲花菌、川芎、青城老腊肉、猕猴桃酒也值得品尝。

前山景区从低处到高处分布着一些餐馆，如青城仙馆、石笋堂、龙缘山庄和泰安古镇五龙沟等，山门外的餐馆有德福楼、隐秀山庄。

后山也聚集了很多美食店，可以品尝到各种美食。山门外的青城山镇也建有很多餐厅，特色美食主要有白果烧鸡、道家泡菜等。

行程推荐　智慧旅游赛导游

青城山二日游路线：D1：青城山—建福宫—上清宫—老君阁—天师洞—天然图画坊，第一天游览青城前山，看山间不同年代、不同风格的道教宫观，领略道家文化的魅力；D2：泰安古镇—五龙沟—又一村—白云寺—翠映湖—金骊索道，这一天主要游览青城后山的山水美景，看山涧、瀑布、水潭，呼吸林中的新鲜空气。登上山后可以坐索道下山。

特别提示　青城山的山道入口和出口几乎被各种索道和新修的仿古庙宇遮没了，要找到登山入口和出口非常不易，所以建议喜欢徒步登山的朋友最好买张地图或导游图再上山。

051

西岭雪山
冰雪旅游胜地

微印象

@湘楚人士 西岭雪山是看雪、玩雪的好去处，冬季时白雪皑皑，阴阳山一边是白雪皑皑的冬季景象，一边却是春意盎然的春天景象，感觉很奇妙！

@洛可可 西岭是大部分成都人冬日休闲的必去之处，玩雪相当刺激，雪的厚度也比较深，打完雪仗再泡个温泉简直就是人间天堂！

@沁语10 雪山景色美丽自然，使人心旷神怡。人们到了那里便没有了烦恼，有的只是开心和欢乐。

门票和开放时间

门票：前山门票30元，双索道往返套票168元。西岭滑雪场雪季平日门票120元。

开放时间：日场9:00~17:30，夜场17:00~21:00。

最佳旅游时间

西岭雪山分前山和后山，前山一般是夏天前往游玩，冬天基本上都是去后山玩。冬天的西岭才是名副其实的雪山，既可以赏雪景，又可玩各种雪上运动。

进入景区交通

位置：成都市大邑县西岭镇。

交通：

1.班车：成都茶店子汽车站每天仅有两趟直接到西岭雪山后山山底的班车，发车时间为9:00、9:30，时长约2.5小时。若错过此车，只能坐车到大邑县再转车去西岭雪山。至大邑县的班车，发车时间为7:20开始滚动发车。

2.自驾车：从成都出发，沿成邛公路（国道318线）经成温立交桥、温江区、崇州市到大邑县；从大邑县转上西岭雪山花水湾旅游快速通道，穿过西岭隧道，经出花水湾温泉至西岭镇，从西岭镇右转就可沿景区专用公路到达西岭雪山滑雪（草）场。

景点星级

美丽★★★★★　　刺激★★★★　　浪漫★★★★　　休闲★★★★　　特色★★★　　人文★★★

成都及周边

　　西岭雪山因唐代大诗人杜甫的千古绝句"窗含西岭千秋雪，门泊东吴万里船"而得名，雪山最高峰苗基岭海拔5364米，为成都第一峰。雪山在阳光照射下洁白晶莹，银光灿烂，秀美壮观。茫茫的原始林海，数不尽的奇花异草，终年不断的激流飞瀑，组成了一个壮观旖旎、神秘奇特的高山自然风景区。

　　西岭雪山分为前山和后山，前山适合于喜好攀登徒步的驴友，后山有漂亮的滑雪场（冬季）和滑草场（夏季）。景区四时景色各异，春天山花烂漫，高山杜鹃成林；夏天瀑布成群；秋天满山红叶；冬天雪景迷人，是成都近郊不可多得的消闲、度假、避暑、登山、游雪的大型旅游区。

❶ 瀑布群

　　瀑布群是由雪水从高山倾泻而下形成的"千峰叠翠，万水竞流"的壮观景观，跌瀑流泉多达30多处，高30~70米，大都隐藏在云雾缭绕的幽谷密林之中，远观山有色，近听水有声，组成了山水林泉的优美图画。

攻略

1.采摘：春夏之交，冰雪融化，林间各种野生植物开始争先恐后地破土而出，其中不乏可以食用的美味野菜，如野蒜苗、野葱、野芹菜、野韭菜、野椿芽、蕨菜、野山药、折耳根、野木耳、野菌等，可以享受山野采摘的独特体验。

2.赏花：每年的4月份，山花烂漫，杜鹃成林，百鸟闹春，珙桐花开如鸽子飞翔，30多个品种的杜鹃绵延数十里，其花红如火、黄如金、白似银，璀璨悦目。

3.露营：西岭雪山的房车营地按露营方式分设：帐篷区、房车区、树屋区等住宿区域，以及帐篷酒吧区等服务空间。在这里没有城市的喧嚣，身边是一起谈天说地的好友或家人，抬头仰望便是西岭雪山和浩瀚无垠的星空。

4.徒步：喜欢徒步的朋友，西岭雪山也是一个不错的选择，茂密的树木生长在道路两边，时不时还有几只野生动物与你为伴，路程不远，一个多小时就能到达映雪广场，各种活动项目就在映雪广场的四周。

❷ 金猴峰—鹰嘴峰

　　由瀑布群往上就是金猴峰，拔地而起的群峰恰如春笋丛生。峰高百余米，直指蓝天，峰顶飞霞流云，时沉时浮。峰间云杉招手迎人，其间金丝猴攀援嬉戏，展现的是一派生机盎然之景。

　　鹰嘴峰位于金猴峰后面，一座山峰突兀而立，好像一只雄鹰低头俯瞰，跃跃欲猎。山峰下溪水清澈，是小娃娃鱼游乐的世界。

攻略

购物：景区除了游玩之外，也可前往西岭镇或景区购物中心购买一些当地的土特产，如雪山老腊肉、香肠、红酒果、无花果、野山药或蕨菜、侧耳根、鹿耳菲、鲜竹笋、雪山豆等。

053

Follow Me 四川深度游

点赞
- @阎王 春季山花烂漫、高山杜鹃成林，夏天瀑布成群，秋季满山红叶，冬天雪景迷人。
- @大寨主 很美，尤其是第二段缆车穿过云层的一瞬间，阳光美极了，适合拍照。

西岭雪山示意图

- ③ 阴阳界
- ③ 红石尖
- 大雪塘
- 白石尖
- ② 鹰嘴峰
- 红石堡上站
- 野牛道
- 日月坪3260
- ② 金猴峰
- ④ 雪山滑雪场
- 八角楼
- 下站
- 管理楼
- 阳光酒店
- 接待中心
- 露营区
- 停车场
- 牦牛沟
- 枫叶酒店
- 小吃广场
- 杜鹃酒店
- 雪山草上项目区
- 八角楼
- ① 瀑布群
- 鸳鸯池
- 鸳鸯池索道上站
- 杜甫亭
- 山门
- 下站
- 杜甫壁画
- 山水潭艺术山庄
- 大山门
- 农家乐
- 茶地坪
- 西岭镇
- 花水湾温泉
- 至成都

成都及周边 |

❸ 红石尖—阴阳界

从鹰嘴峰继续往左前方走就是红石尖。红石尖位于海拔3310米处，是由300~400个柱状红色花岗岩组成的3座山峰，分别被称为上、中、下红石尖。由数百座奇石组成的峰林高低嵯峨、错落有致、身姿各异，有的像狮子，有的像老虎，有的像猴子，奇丽壮美，形态万千。

阴阳界是一条仅能容两人并肩行走的狭长山脊，脊顶仅2米宽，岩壁如刀削斧劈。它是四川盆地和青藏高原气候的分水岭。山脊的东南方晴空万里，湛湛蓝天，而山脊的西北方却是云蒸雾涌，似朦胧世界。

点赞

👍 @秦皇老儿 西岭雪山的"阴阳界"既是分水岭，又是不同气候的分界线，西部为青藏高原气候，寒冷干燥，东部为盆地气候，温暖湿润。这两种不同的气流在此相遇，形成了奇特的气象：一边是晴空万里，一边是阴雨雾蒙，很有意思。

👍 @碧海明珠 冬天来玩真的很好，提醒大家要注意时间的安排，最好先去阴阳界再下来滑雪，否则就没时间去阴阳界了。

攻略

登临红石尖眺望，可看见西边的大雪山气势磅礴，犹如世外仙境。旭日东升之际，雪山变成金碧辉煌的世界，称为"日照金山"，为西岭雪山一大奇观。或去景区的日月坪，也可观赏到宇宙间移星换斗的壮景。

❹ 雪山滑雪场

雪山滑雪场位于西岭雪山后山，是我国南方最大、档次最高、设施最完善的高山滑雪游乐区之一。

滑雪场地势平坦而略有坡度，雪质优良，特别适合滑雪运动。雪场进口2500套世界名牌滑雪器具和几十辆豪华雪地摩托，12台移动造雪机和全国唯一的进口顶级法国约克地下管网造雪系统，设有7条国际标准滑雪道，可容纳2000人同时滑雪娱乐。

攻略

1.滑雪场内有一个50万平方米的高山草坪，场上设有草地滑车、草地越野车、草地气垫船等15个高山草原运动娱乐项目。

2.景区设有热气球的游乐项目，可以青云直上100米，不论是俯瞰白雪皑皑的冬景，还是想饱览绿茵茵的夏景都有美妙的感受。

3.每年的12月底到次年3月中旬西岭雪山都会举行冰雪节，节日期间会推出一系列精彩的活动，如万人堆雪球、滑雪、雪地摩托、雪地攀岩、雪地弹跳投篮、雪地射箭、UTV越野车等。

4.每年的7~9月利用雪山特有的清幽凉爽举行消夏避暑节，每月举行一次主题活动。7月为野营，在山顶安营扎寨享受夏日清凉；8月为滑草，举行滑草大赛；9月为越野，举办越野车及山野自行车大赛。晚上有啤酒大赛和烧烤晚会。

055

白雪皑皑，蓝天相衬，美丽的西岭雪山，真是让人流连忘返的地方。

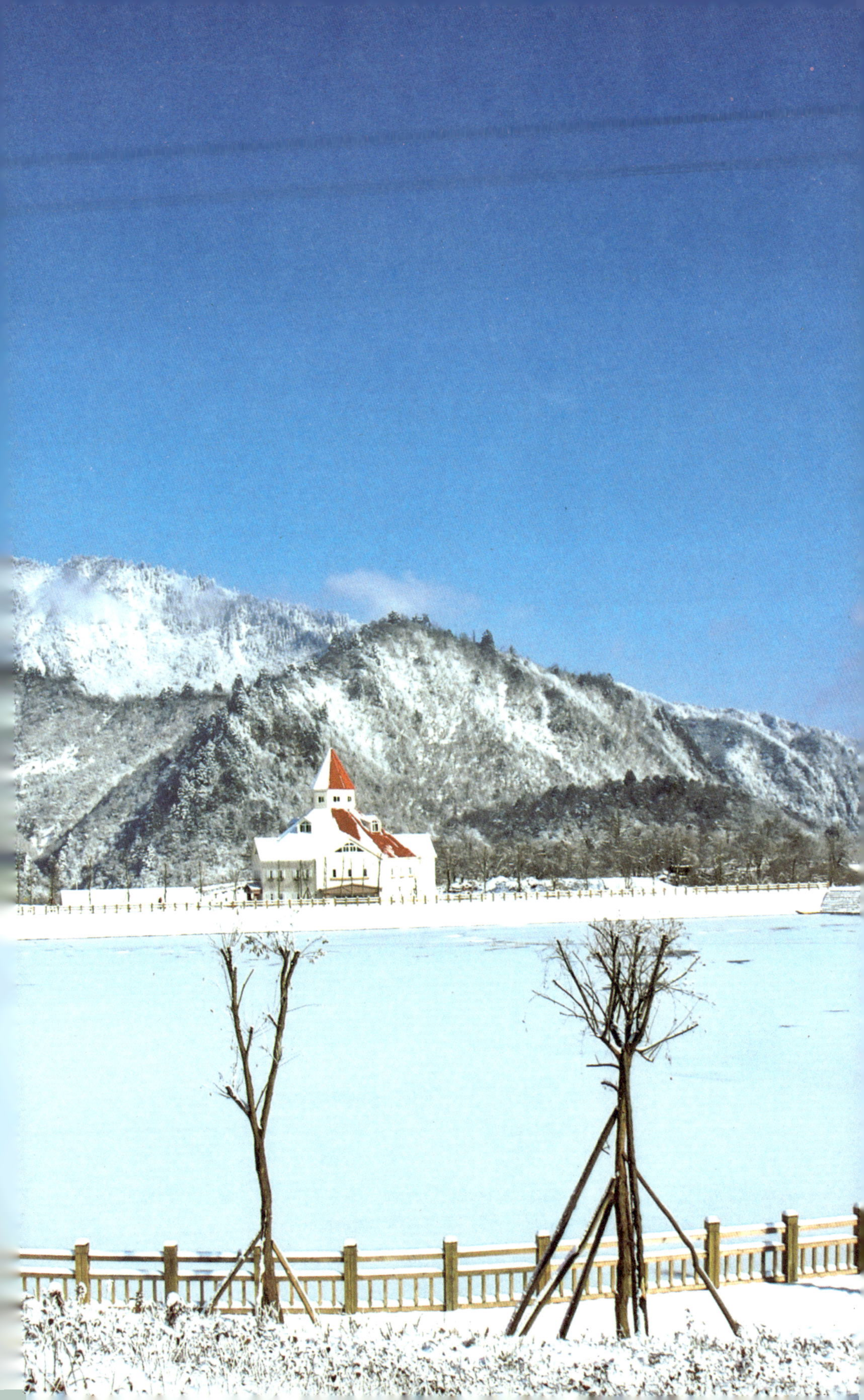

Follow Me 四川深度游

攻略

景区交通 — 多种方式自由行

交通索道：可到山顶。从山脚下游客中心至滑雪场，单程70元/人，往返120元/人。

高山观光索道：从滑雪场至日月坪（此段必须乘索道，不可徒步）。全程需40分钟，往返120元/人。

滑雪场索道：在滑雪场主雪道上配备的索道，是露天观光型索道，能够俯瞰整个滑雪场。免费，但出于安全考虑只有滑雪会员、技术达到一定水平的雪友才能乘坐。

住宿 — 驴友力荐的住宿地

景区四时风景各异，依托秀丽多姿的自然风光兴建了很多度假酒店，垚垚（yáo）度假酒店、西岭雪山忆雪酒店、映雪酒店、斯堪的纳度假酒店等。

垚垚度假酒店：位于西岭镇云华村1组，近西岭雪山景区停车场。酒店装修轻奢典雅，舒适温馨，有十余种主题客房，价格平易近人。

西岭雪山忆雪酒店：位于西岭雪山后山景区1号停车场附近，能提供特色农家野菜、土鸡等美食，还有24小时热水、有线电视等。

美食 — 饕餮一族新发现

景区沿途及景区内设有酒店、农家乐、接待站共十余家，均可提供食宿。滑雪场景区的山地度假酒店、枫叶酒店也可提供食宿，费用从几十元到数百元不等。也可在大邑县用餐。西岭美食主要有清蒸全鸭、荤豆花、水果泡菜、刘氏公馆菜等。

赵连锅：主营家常菜，物美价廉。位置：大邑东门，到大邑城内打听即可。

周鸡婆：位于大邑西桥边，主营家常菜、特色菜、白果炖鸡。

荤豆花：位于大邑西门，大双公路左边，主营家常菜，荤豆花是特色菜。

行程推荐 — 智慧旅游赛导游

西岭雪山一日游路线：游客中心—景区交通索道—雪山滑雪场—观景索道—日照金山、森林佛光、云海、阴阳界—滑雪场（滑草、溜索、高山滑道、漂流、高空热气球观雪山）。

特别提示

❶ 滑雪的时候租件防水衣，不然衣服要全部打湿，很容易着凉。另外，一定要戴上太阳镜，雪白得会刺得眼睛睁不开。

❷ 想去阴阳界的朋友们最好上午早点去，下午一般都会起雾，太晚去会看不到东西。

❸ 上山最好多带点食物，山上的东西不仅贵，种类还比较少。

安仁古镇
中国博物馆主题聚落

微印象

@大头 来成都最大的收获是去了安仁古镇。它静静地在那里，守着那么多公馆和房屋，不张扬，不自傲，见证着历史的发展。

@自管 小镇很古朴，建筑很有川西民俗风格。镇上的人们生活得也很舒适，喝喝茶，打打牌，悠闲自得！

门票和开放时间
门票：刘氏庄园博物馆门票40元，建川博物馆通票100元（当日有效）。
开放时间：刘氏庄园博物馆9:00~17:00，建川博物馆9:00~17:30。

最佳旅游时间
川西的气候特征决定了夏季不适合去安仁古镇游玩，此时天气较为潮湿闷热。春季和秋季是安仁古镇的最佳游玩季节。

进入景区交通
位置：成都市大邑县安仁镇。
交通：成都茶店子车站每天从8:00开始每隔半小时有班车直达安仁古镇，滚动发车。

景点星级
人文★★★★★　特色★★★★　休闲★★★　美丽★★★　浪漫★★★　刺激★★

Follow Me 四川深度游

　　安仁古镇，据《太平寰宇记》载由"取仁者安仁之意"而名之。古镇始建于唐朝，现存的旧式街坊建筑多建于清末民初时期，尤以民国年间刘氏家族鼎盛时期的建筑最多，风格中西式样结合，庄重、典雅、大方的各式院落，造就了安仁镇特殊的建筑风貌，号称"川西建筑文化精品"。

　　古镇的宁静十分让人心醉，在刘氏家族兴建的宅院、商街、学校、茶楼里，一群人或居，或商，或闲逛，或茶饮，或吟读，他们的身边、脚下，凝眸处、落座地，到处都是20世纪30年代的雕梁画栋、青砖重瓦。每座公馆、每座建筑的背后都是一个精彩的故事，每一个角落都隐藏着历史不可言说的神秘。

❶ 刘氏庄园博物馆

　　刘氏庄园博物馆又称"刘氏庄园"，是解放前大地主刘文彩的宅园，修建于1928年至1942年间。庄园整个占地总面积7万余平方米，房屋350余间，分布为南北相望的两大建筑群，南部俗称"老公馆"，北部俗称"新公馆"。

　　老公馆为当年刘文彩一家居住的地方，公馆建筑为高墙深院封闭式，它融住宅和园林为一体。其主中轴线上正门朝北，堂屋朝东西，分为大厅、客厅、接待室、账房、雇工院、小姐楼、收租院、粮仓、水牢等。建筑十分奢华，雕梁画栋。

　　新公馆又名"川西民俗馆"，距老公馆300米。整个建筑几乎呈正方形，由面积相等、布局大体一致的两个部分组成，既互为联系，又独立成章。这里共收集展示了川西民俗文化风情的实物近两千件，第一个院子主要展览川西婚俗仪式，第二个院子主要展览川西人的生产用品及工具，第三个院子主要是展览川西民风民俗及土特产品等。

> **点赞**
>
> 👍 @追日者 整个庄园高墙耸立，气派华丽，雕刻精美，就像一页神秘而遥远的历史，让人领略到权威、尊贵、奢靡、专横和残暴。
>
> 👍 @无敌小木木 刘氏庄园很大，走在里面像走迷宫似的。建筑都是从清代保留下来的古建筑，很有韵味。泥塑部分挺有意思，再现了大斗进小斗出的现象，值得一去。

攻略

1. 老公馆内收藏了《收租院》泥塑，通过塑造114个真人大小的泥塑群像，生动地表现了送租、交租、验租、逼租、抗租的连续性形象，深刻地揭示了解放前封建地主阶级残酷剥削农民的真实情景。

2. 庄园建筑群之间的道路两边有店铺、饭馆、茶馆等，为游人提供方便；老宅门口还有自行车可供出租；此外，环绕建筑群路还有电瓶游览车等。

3. 距离老公馆约200米处为一条仿古的街道——安惠里，在这里，茶馆、酒肆都是按照旧时原貌而设置，清一色仿古家具古朴厚重，茶馆内还上演川剧、曲艺以及评书等节目。

成都及周边

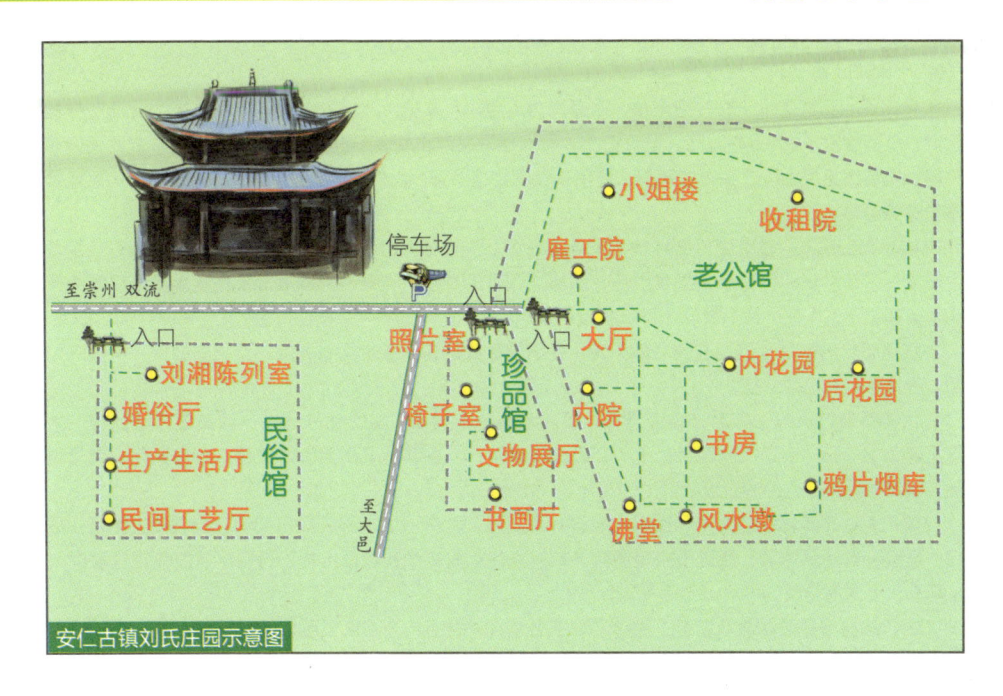

安仁古镇刘氏庄园示意图

❷ 历史文化街区

历史文化街区主要集中在裕民街、树人街和维星街上，这里是著名的公馆区。从1938年至1944年，刘氏子弟共建成公馆四十余处，保存比较完好的有二十多处。部分公馆形成了中西合璧的建筑风格，是古镇的一道亮丽的风景线。高大华丽的公馆门楼、风火墙、洋楼等公共建筑又给古镇增加了美轮美奂的景观效果，使古镇空间序列更加生动独特。比较有名的有刘湘公馆、刘元瑄公馆、乐自能公馆、同庆茶楼等。

链接　小独院

古镇天福街84号有个小独院，这个小建筑修建于1937年，建筑面积约有200平方米，其主体建筑系单檐悬山顶砖木结构，一楼一底两层楼房，楼房栏杆采用"美女椅"（又称"飞来椅"）。这种风格的建筑并非川西特产，系由江浙一带"嫁接"而来，其主要目的是让主人家的闺女可以看到外面的风景，又不必到处游逛。

Follow Me 四川深度游

❸ 建川博物馆聚落

　　建川博物馆聚落位于安仁镇南边，由爱国商人樊建川筹资修建，占地30多万平方米，由25个分馆组成，一共收藏了200万件藏品，是目前国内民间建设规模和展览面积最大、收藏内容最丰富的民间博物馆。博物馆主要由抗战文物馆系列、红色年代博物馆系列、民俗博物馆系列、"5·12"汶川大地震博物馆等组成。

　　抗战文物馆系列建有中流砥柱馆、正面战场馆、飞虎奇兵馆、众志成城馆、汉奸丑态馆等分馆及中国老兵手印广场和中国壮士群雕广场，以历史照片、资料、实物、文献等方式生动展示出中国共产党及其领导下的军队、敌后民众十四年抗战的情况。

　　红色年代博物馆系列设有瓷器陈列馆、生活用品陈列馆、宣传画陈列馆、票证陈列馆、镜鉴陈列馆、音像品陈列馆等分馆。

　　民俗博物馆系列设有老公馆家具馆、百年老照片陈列馆、喜文化陈列馆、精美笔筒陈列馆、老烟具赌具馆、三寸金莲文物馆、老七十二行馆等分馆，分别展示了川西家具文化、婚俗文化、商号牌匾、笔筒和烟具文化的源远流长。

　　汶川大地震博物馆是为纪念汶川大地震而建，分为震撼5·12—6·12日记馆、抗震救灾美术作品馆、地震科普知识馆等，通过千余幅图片、四万余件地震灾难和救援实物，再现了抗震救灾过程中一幕幕感人至深的场景。

　　国防兵器馆是国防教育基地。整个国防兵器馆集中展示了300余支百年经典枪械、数十门现代火炮以及反坦克导弹、空对空导弹等。

攻略

1. 博物馆前面的广场上立有一排"中国壮士"群体雕塑，所有壮士造像阵式都放置在一个"V"字形下沉式凹槽的空间环境中，凹槽两侧壁为红色花岗石影雕，造型非常有感染力。
2. 古镇特产十分丰富，比较有名的有唐场豆腐乳、面人黄、草编产品、木雕和古玩等，可以买些带回去。

点赞

👍 @angelalp 印象最深刻的是地震博物馆，太震撼了，收集了很多汶川地震时的感人照片，还有真实的地震废墟。

👍 @火花 建川博物馆聚落只能用"震撼"一词形容，镜面馆很有意思，抗战系列的馆区也很有历史意义。个人感觉很值得一去，一定要留出足够的时间。

成都及周边 |

攻略

景区交通 多种方式自由行

❶ 有轨电车：2011年初镇上开通了西南第一条有轨电车，电车以游客中心为起点站，沿途经过民国风情街区、刘湘公馆、刘文辉公馆、刘氏庄园、有轨电车总站几个主要旅游景观节点，运营线路1.8千米，运营时间30分钟。

❷ 人力三轮：镇上还有人力三轮车，也可乘坐三轮车在车夫的引导下游览古镇风景。

住宿 驴友力荐的住宿地

古镇上住宿比较方便，许多小客栈配置和清洁度都不错，费用几十元至100多元不等。古镇上也有档次较高的酒店和淳朴自然的农家乐，比如明轩客栈（地址：安仁古镇树人街15号）、隐奢一宅酒店（地址：安仁镇迎宾路二段370号）、刘家庭院客栈（地址：安仁古镇天福街184-188号）等。

美食 饕餮一族新发现

古镇拥有很多特色美食，最著名的是这里的泡菜，不仅有泡鸡爪、泡猪耳朵、泡大白菜等，而且还有泡香蕉、泡苹果、泡鱼等新品种。吃起来，一半水果味、一半泡菜味，非常劲道。

此外，这里的特色菜肴有文彩排骨、文清鸭蹼、庄园鱼丝、石磨豆花等。推荐刘血旺（地址：红星街94号）、晋昊私房菜（地址：古镇石桥街58号）。

行程推荐 智慧旅游赛导游

安仁古镇一日游：安仁古镇—刘氏庄园博物馆—历史文化街区—建川博物馆聚落（抗日战争馆、红色年代馆、民俗馆、国防兵器馆、地震馆等）—中国抗日壮士群雕广场（1931—1945）—抗战老兵手模广场。

063

三星堆博物馆

聆听历史的声音

微印象

@2012大大木头 这3座突兀在成都平原上的黄土堆曾是中华文明最古老的源流之一,展馆面积很大,展馆设计融原始意味和现代气息为一体,大量展品极具震撼,给予现代人类很多惊讶和疑问。

@费历克斯 三星堆是个很奇妙的地方,当你进入到博物馆的时候,你会被这里的每一件文物所吸引,无论是大名鼎鼎的青铜人、神树、太阳轮,还是极其普通的刀刃、杯器、陶瓷。

门票和开放时间

门票:72元,游园票5元。

开放时间:第一展馆8:30~18:00,第二展馆8:30~17:00。

进入景区交通

位置:广汉市南兴镇的三星村。

交通:

1.班车:成都昭觉寺长途车站每天有循环发往广汉汽车站的巴士,发车频度很高,随到随走,全程大约40分钟。从广汉汽车站乘坐6路公交车可直达三星堆。

2.自驾车:成都到三星堆距离不到30千米,108国道、成绵高速均可达到。

景点星级

人文★★★★★　　特色★★★★　　休闲★★★　　美丽★★★　　浪漫★★　　刺激★★

成都及周边

三星堆因3座突兀在成都平原上的黄土堆而得名。1992年，考古学家在三星堆遗址发掘出了房屋、灰坑、墓葬、祭祀坑、城墙等重要遗迹，获得大批青铜器、金器、玉石器和陶器等重要文物和文物标本，尤以青铜器最为名贵，不仅体大量多，而且造型独特，工艺精湛，为中原商文化中所鲜见。

三星堆博物馆建立在遗址之上，博物馆主体建筑外形追求地貌、史迹及文物造型艺术相结合的神韵，融原始意味和现代气息为一体。馆外环境布局巧妙，匠心独具，园内绿草如茵，湖光岛影，充分体现了博物馆"馆园结合"之特色。

馆内集中收藏和展示了三星堆遗址及遗址内一号、二号商代祭祀坑出土的青铜器、玉石器、金器以及陶器、骨器等千余件珍贵文物。在这批古蜀秘宝中，有许多光怪陆离奇异诡谲的青铜器造型，有高2.62米的青铜大立人，有宽1.38米的青铜面具，更有高达3.96米的青铜神树等，均堪称独一无二的旷世神品。而以流光溢彩金杖为代表的金器，以满饰图案的边璋为代表的玉石器，亦多属前所未见的稀世之珍。

❶ 综合馆

综合馆展线长逾800米，为综合展馆，以"古城古国古蜀文化陈列"为主体内容，全面展示三星堆遗址出土的陶器、玉器和金器等上千件珍贵文物。这些文物是长达70年考古发掘的成果，具有世界影响，在中国浩如烟海蔚为壮观的文物群体中，属最具历史科学文化艺术价值，且最富观赏性的文物群体之一。

攻略

博物馆外环境布局巧妙，配置有气势恢宏的仿古祭祀台和供现代文体活动的大型表演场；有古典风格的附属建筑群和功能齐全的餐饮娱乐设施；有绿茵如毯的草坪、宽广明丽的水域湖面、造型别致的假山、古拙质朴的水车；还有供孩子们嬉戏游玩的儿童乐园，大大方便了游人。

链接　三星堆文物之最

世界上最早、树株最高的青铜神树：高396厘米，3簇树枝，每簇3枝，共9枝，上有二十七个果实九只鸟（原或为十只），树侧有一龙缘树逶迤而下。

世界上最早的金杖：长142厘米，直径2.3厘米，重700多克，上有刻画的人头、鱼鸟纹饰。

世界上最大、最完整的青铜大立人像：通高262厘米，重逾180千克，被称为铜像之王。

世界上最大的青铜纵目人头像：高64.5厘米，两耳间相距138.5厘米。

世界上一次性出土最多的青铜人头像、面具：50多件。

065

Follow Me 四川深度游

② 青铜馆

青铜馆建筑为三部一体的变形螺旋式建筑，其整体具有"堆列三星"与"人类历史演进历程"的双重象征，馆外还有气势恢宏的仿古祭祀台和供现代文体活动的大型表演场，与展馆建筑遥相呼应，表达了三星堆文化苍古雄浑、博大精深的历史意蕴。

三星堆青铜器以大量的人物、禽、兽、虫蛇、植物造型为其特征；青铜的人头像、人面像和人面具代表被祭祀的祖先神灵；青铜的立人像和跪坐人像则代表祭祀祈祷者和主持祭祀的人；眼睛向前凸出的青铜兽面具和扁平的青铜兽面等可能是蜀人崇拜的自然神祇；以仿植物为造型特点的青铜神树，则反映了蜀人植物崇拜的宗教意识。

三星堆出土文物中，表现人"眼睛"的文物不仅数量众多，而且这些文物本身珍贵、奇特，如一件大面具，眼球极度夸张，瞳孔部分呈圆柱状向前突出，长达16.5厘米。此外，还有数十对"眼形铜饰件"，包括菱形、勾云形、圆泡形等10多种形式，周边均有榫孔，可以组装或单独悬挂、举奉，表现了对眼睛特有的重视。

亲子研学

出土人物为何"纵目"

古蜀人为什么如此重视刻画眼睛？铜面具眼睛瞳孔部分为什么要做圆柱状呢？这与古蜀人崇拜祖先有关。

据史书记载，蜀王蚕丛原来居住于四川西北岷山上游的汶山郡，而这一地方"有碱石，煎之得盐。土地刚卤，不宜五谷"。直到近代，此地仍是严重缺碘、甲亢病流行的地区。而甲亢病患者的一个重要特征就是眼睛凸出，因此，蜀王蚕丛很可能是一个严重的甲亢病患者，生前眼睛格外凸出。而他的后人在塑造蚕丛神像时，抓住了这一特点并进一步"神化"，这就是蜀王蚕丛神像被刻画成"纵目"的原因。

点赞 👍 **@阿娇娇** 铜立人、青铜树、巨大的人面具……的确震撼，尤其当身临其境欣赏的时候，历史的厚重感和对先人的崇敬油然而生。博物馆外面还是一个大的公园，环境幽雅，可以悠闲地散散步。

攻 略

住宿 驴友力荐的住宿地

景区附近有几家酒店可供住宿，还可前往广汉市区住宿，选择性较多一些。

三星堆瞿上园酒店：位于广汉市长沙路西四段125号，是一个以三星堆文化为主题的大型园林会议旅游休闲酒店。酒店设有豪华标间、套房以及装饰典雅的餐厅，配有康乐中心、茶楼、游泳池、洗浴中心、酒廊等娱乐设施。

066

成都及周边 |

广汉居停酒店：是一家位于三星堆景区内的庭院式高档酒店。周围环境清静、舒适。住在景区内有种独特的感受。

酷嘟嘟时尚酒店：位于广汉长沙路西三段41号，房间情景有海洋小舟、运动车系、原始森林、日式风情、运动场景等。

美食 饕餮一族新发现

广汉是个美食比较集中的地方，市中心的美食一条街可以吃到便宜的小吃，而且有多种品种可选。广汉主要的特色小吃有全蛋金丝面、红油水饺、玻璃抄手等。玻璃抄手分红汤和清汤两种，红汤麻辣，清汤味香。

景区内餐厅有宝镜斋餐厅，广汉市内餐厅推荐人间美食、一亿哑巴兔。

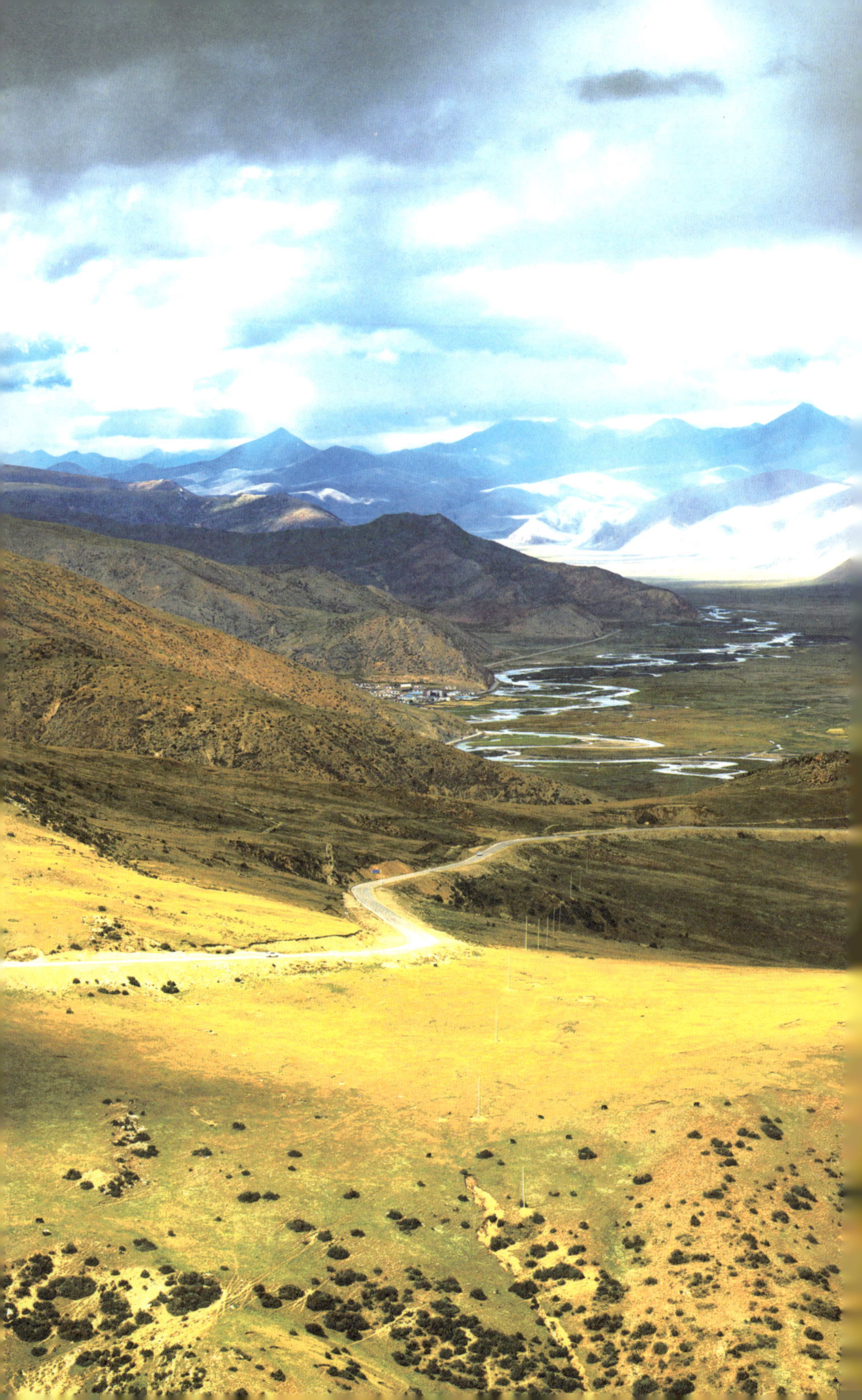

第2章
川藏南线

雅安
贡嘎山
康定
理塘
稻城亚丁

四川深度游
Follow Me
爱旅行的倡导者

川藏南线，穿过高山峡谷，越过无际草原，体验藏族风情，美丽一路同行。

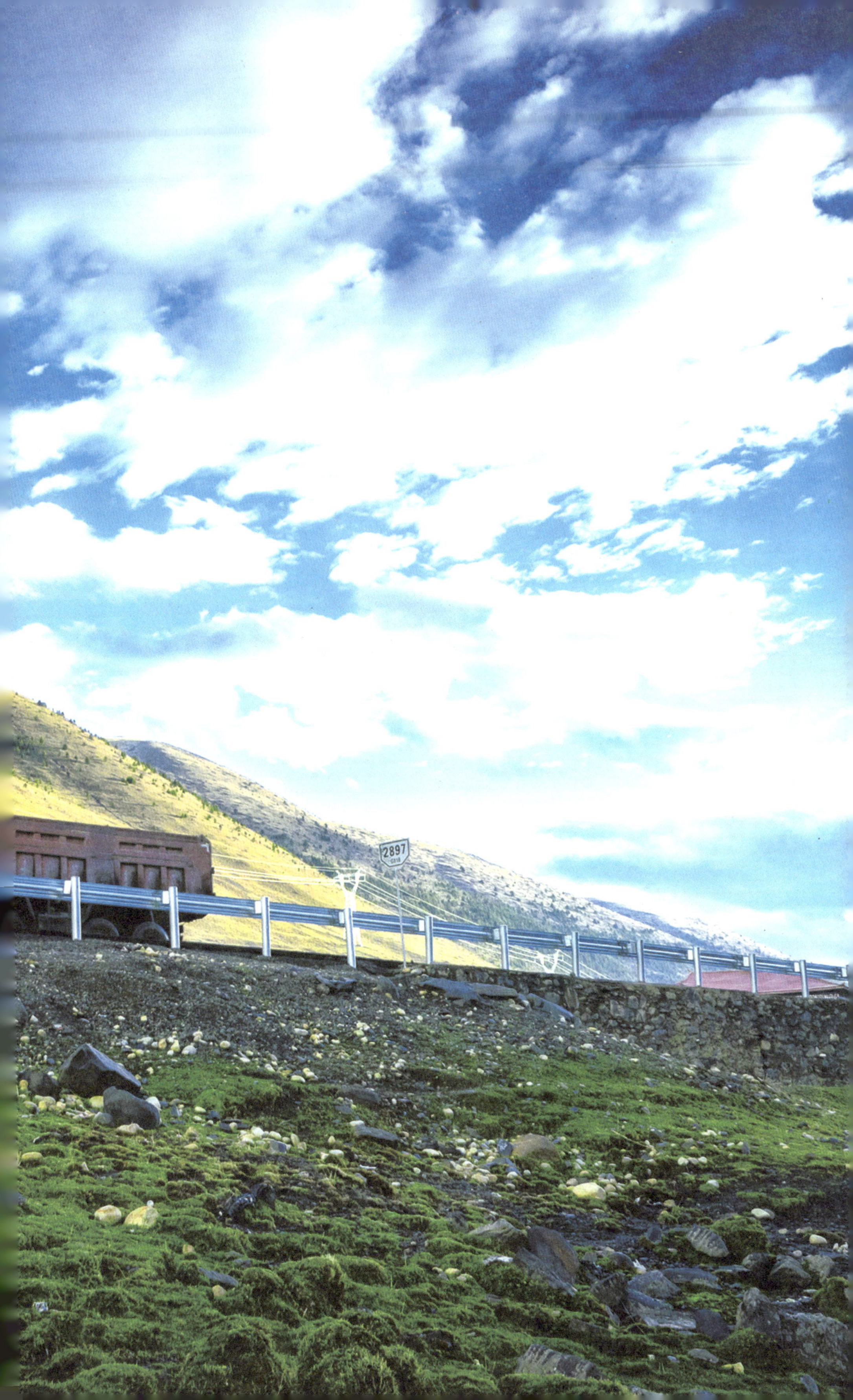
2897

雅安
翠绿山水的自然画卷

微印象

@三角龙123 整日在喧嚣的城市中匆匆来往，以至于到了上里古镇，一种莫名的惊讶填满心房。放眼望去，不是古木之树，就是古木楼阁；不是石桥石路，就是水中卵石。从街道走来，古之气息萦绕在身旁。

@YIYI笔记 蒙顶山因为经常下雨，烟雨朦胧中都带有茶味，云雾缭绕仿若仙境。蒙顶山的皇茶园风水极好，位于山峰顶部，天气好的时候可以俯瞰周围10千米左右的景观，脚下就是碧绿的茶园；百丈湖则是养了天鹅以及鸳鸯，属于高山淡水湖，给人很平静的感觉。

门票和开放时间

景点	门票	开放时间
碧峰峡	100元。动物园180元	1月至4月，10月8日至12月 8:30~16:30；5月至10月7日 8:00~16:30
上里古镇	免费	全天开放
东拉山大峡谷	旺季120元，淡季80元	8:00~20:00
神木垒	旺季52元，淡季40元	8:30~17:00
蒙顶山	旺季80元，淡季50元	8:30~18:30

最佳旅游时间

雅安降雨多、日照少，春可踏青看小草初露嫩芽；夏季赏山花烂漫，争奇斗艳；秋天登高望远，看美妙风景；冬季感受一份静谧与安宁。

景点星级

美丽★★★★　特色★★★★　浪漫★★★　休闲★★★　人文★★　刺激★★

川藏南线

山水相间的城市，碧茶飘香的城市，因大熊猫而名扬四海的城市。雅安，优雅而安宁。

雅安是古南方丝绸之路的门户和必经之路，素有"川西咽喉"之称，不过名气最响的称谓还是"雨城"。雅安山川秀美，生态良好，是天然氧吧，也是世界茶文化、茶栽培的发源地。这里自然风光、历史人文独具特色，上里古镇、望鱼古镇等是茶马古道上的重镇，蒙顶山是公认的世界茶文化圣山。城内造型独特、风格迥异的桥梁将南北城区连成一片，树木葱茏。

悠悠古镇，巍巍山川，古木与雪山，熊猫与冰川，雅安是一座优雅的城市，从历史中走来，在沧桑中焕发光彩。

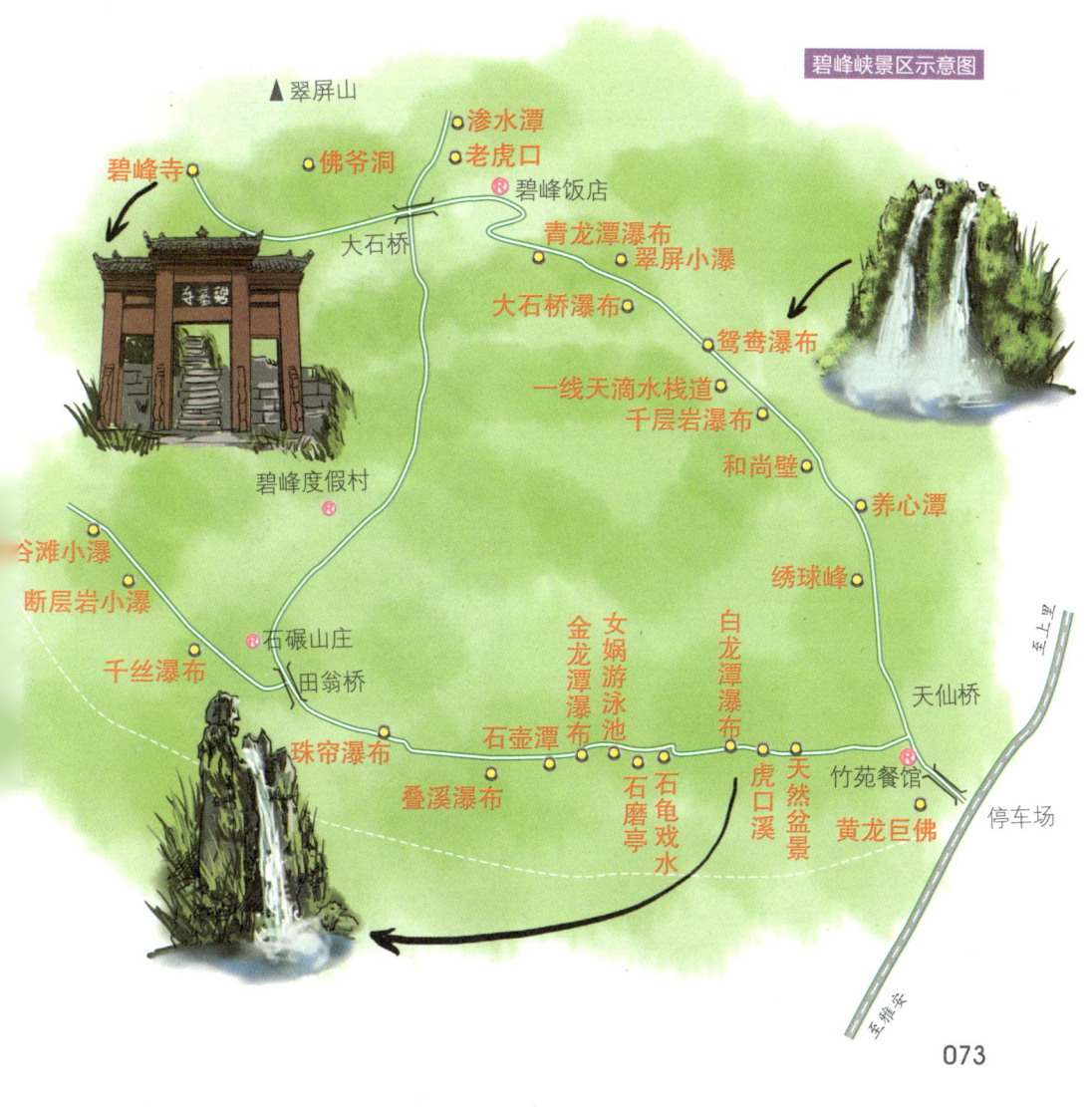

碧峰峡景区示意图

▲翠屏山
渗水潭
佛爷洞
老虎口
碧峰寺
碧峰饭店
大石桥
青龙潭瀑布
翠屏小瀑
大石桥瀑布
鸳鸯瀑布
一线天滴水栈道
千层岩瀑布
和尚壁
碧峰度假村
养心潭
绣球峰
谷滩小瀑
断层岩小瀑
千丝瀑布
石碾山庄
田翁桥
珠帘瀑布
叠溪瀑布
石壶潭
金龙潭瀑布
女娲游泳池
白龙潭瀑布
石磨亭
石龟戏水
虎口溪
天然盆景
天仙桥
竹苑餐馆
黄龙巨佛
至上里
至雅安
停车场

073

Follow Me 四川深度游

① 碧峰峡

碧峰峡因林木葱茏、四季青碧而得名，传说是补天女神女娲所化而成，景区内60多个景点均与女娲有关，颇为神秘。

景区为两条峡谷，左峡长7千米，右峡长6千米，呈"V"字形，植被、峡景和瀑布是碧峰峡景区的鲜明特色。峡内有瀑布、溪潭50余处，有的似银丝飞珠溅玉，有的如白练凌空下泻，或层层叠落，或一注到底，构成了碧峰峡景区一道独特风景线。碧峰峡包括自然峡谷风景区和动物园两大景区。

行程　碧峰峡野生动物园

1. 推荐线路1（1小时左右）：猛兽区（狮区—熊区—虎区）—珍稀动物区（白狮—白虎—大赤袋鼠）—海狮表演场—蛇池—接待中心。

2. 推荐线路2（2小时左右）：猛兽区（狮区—熊区—虎区）—鹿区—猴区—鳄鱼表演场—百极鸟乐园—（走右边员工通道）珍稀动物区（白狮—白虎—大赤袋鼠）—海狮表演场—蛇池—接待中心。

3. 推荐线路3（4小时左右）：猛兽区（狮区—熊区—虎区）—鹿区—猴区—鳄鱼表演场—百极鸟乐园—大象表演场—骆驼—鸵鸟—跑马场—小小动物园—珍稀动物区（白狮—白虎—大赤袋鼠）—海狮表演场—蛇池—接待中心。

4. 娱乐：如果逛累了，可以到园内的休闲区内进行骑马、倒骑毛驴、骑骆驼等活动。

行程　自然峡谷风景区

1. 全程游览路线（6~7小时）：千层岩瀑布—红灯笼—友凤桥—长寿山—白龙潭（观龙台）—女娲池—田翁桥—翠屏山（小西天民族村）—女娲庙—雅女园—碧峰寺—原始森林探险接待站。

2. 短程游览路线（2~3小时，主要集中了景区大多数瀑布）：千层岩瀑布—红灯笼—友凤桥—长寿山—白龙潭（观龙台）—女娲池—田翁桥—翠屏山（小西天民族村）—女娲庙—雅女园。

3. 看熊猫：景区内有熊猫基地，可以前去近距离观看一下它们憨态可掬的可爱面容。

4. 极限运动：碧峰峡生态家园里特别设立了旅游探险和极限运动项目，包括森林定向、旅游探险、蹦极、火箭人、空中飞人、铁塔攀岩等项目，胆子大的朋友不妨一试。

074

川藏南线

故事　雅安"雨城"名号由来

传说远古时候，女娲用黄土制造出人和动物，让他们在大地上快乐地生活。后来水神和火神为了争夺帝位进行了激烈的战争。

正当女娲补天大业即将完成之际，突然听说西部雅州的天宇又出现了汹涌漏雨的大洞，她顾不上休息，骑着神鹰急赴雅安，继续废寝忘食地补天。当她把最后一块石头托上天空时，终于气血耗尽，身心交瘁地倒下了。

她的身体化为了碧峰峡幽幽的峡谷，她的双手变成了10座青青的山峦，这就是"十指补天峰"。由于天缝没有封牢，所以此处"天衣有缝"，细雨便从这缝中常年飘洒，后来碧峰峡所在的雅安城便被人们称为"雨城"了。

② 上里古镇

古镇初名"罗绳"，历史上是南方丝绸之路临邛古道进入雅安的重要驿站，古镇二水环绕，田园小丘，木屋为舍，与四周古树、修竹、溪水、古桥相映成趣，现仍保留着许多明清风貌的吊脚楼式建筑。

上里古镇是"发呆"者的天堂，是容易让心平静的淡然净地。它是一个适合傍晚进入、清晨撤离的地方，来这里最好要间二楼临河的房间，能听到水声潺潺。清晨一定要早起，趁游客们还没有把河边的茶铺坐满时就出门，走过任意一座桥，到古镇的对面去，沿着河边散步，才能窥见一点"水墨上里"之美。

亲子研学

你不知道的上里古镇

上里镇，自古就占着好位置。早在2000多年前的西汉起，上里就在南方的丝绸之路上开始为人注目，这里更是唐蕃古道上重要的边茶关隘地，当时的茶马司就设立于此。近代历史上，上里镇更是与红军结下了不解之缘，境内至今还有数十幅石刻红军宣传标语。

上里镇还有个俗名五家口，因为古时镇中有五家大姓人家在此居住——韩、杨、陈、许、张。古镇的街道设计取了一个井字，取"井中有水"防止火患之意，祈愿小镇平安。

075

Follow Me 四川深度游

❸ 东拉山大峡谷

东拉山大峡谷地处夹金山麓青衣江源,是世界自然遗产大熊猫栖息地的重要组成部分,包括东拉山沟、赶羊正沟、鹿井沟、桂嬉湾、猫子湾五大景区,风景秀丽、山势险峻、峡谷冗长幽深,集典型的峡谷地貌和雪山草原等自然生态景观于一体。

山中奇峰异景,溪水飞瀑,雨雾红叶,林鸟山兽,让人目不暇接。春看万紫千红,夏观草原峡谷,秋赏彩林野桂,冬望雪山冰瀑。尤其秋季来临,接连的秋雨,迎来霜降,东拉山的树叶逐渐由绿色转为红色。放眼望去,秋林尽染,红叶烂漫,在万亩野生桂花林的绿中尽情绽放。

攻略

1. 红叶是东拉山大峡谷景区的核心景观,很多人都是慕名而来。观赏红叶的最佳时间是在每年的10月中旬至11月下旬,赶羊沟和东拉山沟是观赏红叶的最佳地点。

2. 景区拥有迄今为止发现的全球最大的野生桂花群落,每年4月,赶羊沟口附近长约数千米的沿线满是盛开的桂花,香气弥漫整个山谷。此外,景区还有很多的珙桐花和杜鹃花,4月中下旬至5月中下旬是赏珙桐花的最佳时间,鹿井沟是珙桐花最为集中的区域。而4—7月都可以欣赏到杜鹃花,分布在景区各处的杜鹃花因海拔不同而次第开放。

川藏南线

❹ 神木垒

神木垒,藏语里就是神仙玩耍的地方。神木,云杉的意思。景区以森林、雪山、溪流、高山草甸、高山钙化流池为主体景观,在这里,既有参天古木,也有高原草甸,轻松穿行在空气清新的天然氧吧,藏族牧民的牛羊在山坡草甸惬意地啃食牧草,仿佛到了世外桃源。

山顶绿油油的草地上留下的一个个桌面大的树桩,仿佛天然的木雕艺术。树木葱茏蓊郁,流动的白云增加了山的活力和灵气,给人高远空阔的感受。到了11月,漫山红叶层林尽染,景色相当巴适。

❺ 蒙顶山

蒙顶山,又称蒙山,山势北高南低,因"雨雾蒙沫"而得名。蒙顶山五峰环列,状若莲花,古称"西蜀漏天"。蒙顶山是一座历史悠久、风景秀丽的名山,是蜀中一大名胜,它以夏禹足迹所至而有"禹贡蒙山"之称,以入贡"仙茶"名列经传。

蒙顶山麓有着浓郁的川西乡村景色,农田村舍,小桥流水;中山地带则是大片茶园密布,环境清幽,此外山间还有众多古刹,永兴寺、天盖寺、千佛寺、净居庵等寺庙坐落于茶园翠霭间,红墙梵宇,别有一番情趣,从蒙顶西眺可见峨眉、瓦屋、周公诸山。向东俯视,原野平畴,山峦起伏,溪涧纵横,风景如画。

链接 中国仙茶故乡蒙顶山

蒙顶山在古时颇为出名,一为佛寺,二为茶。

蒙顶山历代就高僧辈出。三国时期有一佛家盛事,唤作"梵人之茅",盖因天竺空定大师来华传教,结庐于蒙山,也就有了"大梵音院"。朝代更替,佛寺也几经更迭,自"大梵音院"终到"永兴寺",佛家一脉照旧广行禅门宗风,生生不息。宋代蒙顶山主持甘露法师,辑成的《蒙山施食仪》和《大忏悔文》,依旧在信徒口中广为流传。

蒙顶山是世界茶文明的发祥地,世界茶文化的发源地,是我国历史上有文字记载人工种植茶叶最早的地方。早在两千多年前的西汉时期,蒙顶山茶祖师吴理真开始在蒙顶山驯化栽种野生茶树,开始了人工种茶的历史。唐宋时期,蒙山茶被列为贡品,作为天子祭祀天地祖宗的专用品,一直沿袭到清代。蒙顶山的茶,曾被白居易夸过"琴里知闻唯渌水,茶中故旧是蒙山"。

077

Follow Me 四川深度游

攻略

美食 饕餮一族新发现

在雅安不去吃小吃是最大的遗憾。这里比较出名的有中大街大菜市里的程凉粉和伍抄手。到了晚上，吃的地方更多，一般卖烧烤和铁板烧的基本都集中在人民路川农大门口和解放路，以及沿江西路的啤酒屋，而卖串串的则集中在康藏路的巷子里面。

枫杨槭客栈：从早上一直到晚上都会播放轻音乐，一家四合院特色的客栈。小桥流水、长廊楼阁、灯笼摇曳，无论你从哪一个角度看过去，呈现在你眼中的，永远是一幅美丽的画。如果饿了，霍麻煎蛋、豆腐、雅鱼都是这里的特色。还有油炸的小鱼，是从客栈门口的那条小河里捞上来的，非常新鲜可口。地址：雨城区上里古镇。

干老四雅鱼饭店：吃雅鱼的名店，店家会用当地的黑砂锅炖雅鱼，砂锅雅鱼的汤比较好喝，从鱼头中弄出一根似剑的鱼刺，装在小锦盒中送给食客，显得有些文化色彩。地址：滨江西路2号御景雅苑北门旁。

购物 又玩又买嗨翻天

雅安地处四川盆地的边缘地带，辖区内物产主要以雅安茶叶、雅安水果和雅安山野菌菇为主。其中茶叶类的以蒙山仙茶和荥经边茶最为出名，前者久负盛名，自唐代开始便进贡朝中，后者则销往康定和西藏地区，为藏族同胞所喜爱。

雅安较为独特的水果主要有汉源县的雪梨、樱桃和多营猕猴桃等，而以汉源樱桃为原料酿制的雅斯曼樱桃酒则一举走红港澳市场。多山岭河谷的雅安地貌成就了雅安天然的山野菌菇，出名的有蒙山空心白果、千佛菌、雅笋、天全蕨菜、香菇等。

078

贡嘎山
蜀山之王

微印象

@扫雪 贡嘎山系，风起云涌，落日透过云层照射在雪山上，颜色并不是金黄灿烂，我直观的印象是粉色，总是足够让我震撼，此时，拿着相机只能听见自己的呼吸，人机合一，我看到的视角，永远珍藏在我的记忆里。

@dragoman 运气好经过这里，能看到日照金山，著名的木格措就在这里，还可以乘缆车上下山。这个地方不能爬上去，一般都是在康定这边遥望、拍照，日出和日落是最好的拍照时间。

门票和开放时间

景点	门票	开放时间
贡嘎山	进山费150元，门票100元，环保车费70元（往返）	8:00~18:00
伍须海	门票+区间车70元	9:00~16:00
燕子沟	门票+观光车170元	8:30~17:30
海螺沟	门票90元，观光车往返70元，索道往返135元	5月至10月7:00~15:00，11月至次年4月8:00~14:30
红石滩	免费	7:30~13:00

最佳旅游时间

贡嘎山登山旅游最佳季节一般多在每年5—6月的旱季和雨季交替期，因这段时间既有较高的温度但又无太大的雨量，适合旅游。

进入景区交通

交通：成都石平车站每天有数班班车前往贡嘎山，康定也有专门的旅游班车前往。

景点星级

特色★★★★　浪漫★★★　美丽★★★　刺激★★★　人文★★　休闲★★

Follow Me 四川深度游

"贡嘎"为藏语"雪白"之意。贡嘎山险峻挺拔，峰顶有70平方米的平台，终年被冰雪覆盖，拥有独一无二的冰川奇景。晴空万里时，闪耀着熠熠光芒，瑰丽壮观。山上白雪皑皑，山下繁花盛放，或许正是映着高山的阳光和巍峨的雪山，才长成了世间最纯净的生命。

贡嘎山是大雪山的主峰，也是四川省最高的山峰，被称为"蜀山之王"。主峰周围林立着145座海拔5000~6000米的冰峰，山区内有10多个高原湖泊，有的在冰川脚下，有的在森林环抱之中，湖水清澈透明，保持着原始、秀丽的自然风貌。

❶ 贡嘎南坡

贡嘎南坡历来为中国徒步穿越的最经典线路之一，位于康定市六巴乡（现改称贡嘎山乡）境内，景区各景点均分布在贡嘎山的西坡和南坡，由日布交高山草甸、玉龙溪泉华滩、温泉、巴望海、人中海、贡巴冰川、巴望冰川、原始森林等组成。

田湾河是贡嘎山最大的河流，发源于贡嘎山南坡，山水湍流，气势宏大，几十处瀑布飞流直下，蔚为壮观。景区沿河延伸，山势逶迤，重峦叠嶂，山峰尖峭，白雪皑皑，"日照金山"分外壮观。莲花山宛如七瓣莲花，可观日出、云海，冰川脚下的人中海和巴望海犹如镶嵌在山谷中的蓝宝石，湖光山色，蓝天白云倒映其中，更加妩媚动人。

川藏南线

链接　贡嘎山冰川的三怪

1. 不冷。冰川向阳地带气候暖和，夏秋季节，游客可以穿着薄衫漫步，甚至能短暂赤足感受冰川的清凉触感。
2. 冰崩。大冰瀑布常年都会发生规模不等的冰崩。一次崩塌量可达数百万立方米，场面十分壮观。
3. 构造无奇不有。冰川表面天然形成的构造实在太多，都很令人出乎意料，如冰桌、冰椅、冰面湖等。

❷ 伍须海

"伍须海"在藏语里意思是"发光的海子"，它像一块碧玉镶嵌在森林峻岭中，湖水随天色变化出现或深或浅的蓝和绿，当地人则把它比作"仙女梳妆的明镜"。伍须海景区由十二姊妹峰、佛爷峰、镇海石、伍须海子、瀑布、日鲁库等胜景组成。

景区内奇峰异树、草甸森林、海子瀑布、潺潺溪流、牛场炊烟交融，构织成绝美的风景画，山因水而清秀，水因山更富灵性。景区内植被丰富，花草众多，盛产虫草、贝母等名贵中药材，许多野生珍稀动物也在这里繁衍生息，是一个天然"聚宝盆"。

攻略

1. 拍摄湖面景色时，由于水面平静如镜，可注重拍摄水中倒影，表现出湖面的宁静。也可在平静的水面投入一块石子，激起层层涟漪，或划过一叶扁舟，可以增加画面的动感，形式比较活跃。
2. 湖面周围有天生桥、牛鼻洞、瀑布、巨大的冰川漂砾石等诸多大自然奇观，可以停留下来多拍一些好片子。

故事　伍须海与雪山的传说

相传，伍须海里住着一位美丽动人的仙女，与海子对面的东热吉布是一对衷情恋人。有一年，东热吉布应邀赴贡嘎山做客，两条恶龙趁机强占伍须海，仙女斗不过恶龙，只得忍痛弃海返回天宫。

仙女回宫后，东热吉布悲伤至极，最终化作雪山。人们说，那终年不顷的皑皑雪峰，是他愁白了头，山麓那两股温泉，便是东热吉布日夜思念仙女流出的眼泪。

Follow Me 四川深度游

❸ 燕子沟

　　燕子沟位于贡嘎山东坡，和海螺沟组成姊妹双沟。燕子沟沟长约40千米，沟内低海拔处现代冰川、森林、雪峰和温泉、冷泉、珍稀动植物荟萃，还是贡嘎山东坡唯一能看见贡嘎主峰的景区。红石滩是燕子沟最精华的景观，有着壮观的红石景观。在长近30千米、近百米宽的河谷里，红石密布，洁白湍急的河水在此被分割聚集，环绕着红石奔流而下。红石上的生命体每时每刻都在生长，不同的季节和天气情况下，红石的色泽深浅不同。它的成因至今未解，也成了燕子沟神秘的一部分。

故事　红石滩的传说

　　在"红石滩"有这样一个传说，很久前，天气异常干旱，一条巨蟒口渴难耐，准备过"天然盆景"尽头的大炮山到大渡河饮水。来到牦牛沟，四周青山滴翠，沟中清波荡漾，顿觉精神好转。巨蟒忍不住驻足放嘴憨吸。转眼间，整条沟就快要被吸尽，绿树枯萎，青草焦黄，土地龟裂，庄稼死亡，百姓干渴难耐，情况危在旦夕。

　　此时，高僧象雄东群为救百姓，急中生智打破规矩，毅然出掌杀生，顿时巨蟒翻滚，鲜血喷溅，染红四周山岩。巨蟒勉强移动了一下便再也不能动弹，喝进肚里的水全然吐出，均匀地喷向受大旱的牦牛沟。顿时花草复苏，山川还原生机，土地不仅比以前滋润，而且更加肥沃。从此，这里连年风调雨顺，百姓过上了好日子。而这条巨蟒逐渐蜷缩扭曲，最后化成顶锅山，此地也变成了如今血红般的山岩峡谷。

川藏南线

❹ 海螺沟

海螺沟位于贡嘎雪峰脚下，是亚洲东部海拔最低、最容易进入的低海拔现代海洋性冰川。晶莹的现代冰川从高峻的山谷铺泻而下，飞起300丈，将寂静的山谷装点成玉洁冰清的琼楼玉宇；巨大的冰洞、险峻的冰桥，使人如入神话中的水晶宫。特别是举世无双的大冰瀑布，比著名的黄果树瀑布大出十余倍，瑰丽非凡，晴天月夜，景象万千，令人一见之后，终生不忘。

海螺沟共有四个营地，一号营地景观以大片的红豆杉林为主。一号营地前行8000米便到了热水沟畔的二号营地。远远望去，烟雾蒙蒙，这是海螺沟内名气最大的热水沟沸泉，泉水终年不断。边泡温泉边欣赏美景，惬意之极。真正的冰川景观从三号营地开始，这里也是观赏贡嘎山日照金山景观的好地方。如果还不够尽兴，也可以乘坐缆车直达四号营地，这里拍摄冰川的角度更胜一筹，可以近距离感受大冰瀑布的壮观。

链接　海螺沟三绝

1. 一绝，日照金山。每当天气晴朗，日出时，道道金光射向卫士峰。45座山峰瞬间就像披上了一层金衣，夺目璀璨。

2. 二绝，倾泻冰川。海螺沟因海拔较低，老远就能望见冰川自高峻的峡谷一路铺下。冰川中有举世无双的大冰瀑布，高达1000多米。

3. 三绝，雪谷温泉。沟内设有数十处温泉店，有人甚至可以在冰川上洗温泉浴。这些温泉的温度随高度逐渐下降，最高的泉眼处水温达90℃以上，上方蒸汽滚滚腾空。在漫天雪花中泡着舒服的温泉，是另一种惬意。

小贴士

如果要观赏"日照金山"的奇观，一定不能贪睡，春夏时节早上6:40，秋冬7:20左右是观赏"日照金山"的最佳时间。

Follow Me 四川深度游 攻略

住宿 驴友力荐的住宿地

进入贡嘎山地区，无论是子梅村还是玉龙西、六巴、上木居，你都能找到民宿，旅行者常去的是子梅村，玉龙西村也几乎全村皆是民宿，你可以有多种选择。

你也可以选择在贡嘎寺住一晚上，虽然条件有些简陋，但这是你醒来之后，推窗可见巨大而清晰的冰川的地方。

磨西镇也是个不错的选择，这个小镇是进入海螺沟景区的必经之地，两边夹着高山，站在中心广场上，你可以看到磨子沟这个震撼的冰雪之地。镇上密布着各种宾馆和民宿，还有很多餐厅，大多集中在贡嘎大道南段和磨西上横街。

娱乐 城市魅力深体验

1. **在冰川上洗温泉浴**：海螺沟温泉，位于海螺沟冰川公园内，二号营地及一号营地与沟口之间的贡嘎神汤处。如果遇上降雪，就能在雾气腾腾的露天温泉里欣赏雪花漫天飘飞的奇景，是一种难得的体验。

2. **娃娃会**：彝族有给儿童过娃娃节的习俗。娃娃节在清明前后或谷雨前后举行，一般是一天，由村上族长或德高望重的长辈带上娃娃们在野外聚会，耍坝子。这天除让娃娃们尽情玩耍外，还备有丰盛的野餐，族长讲彝族历史、礼仪、自然知识等民族文化。

3. **火把节**：每年农历六月二十四日举行彝族火把节，持续时间大约一周。火把节期间，彝族人饮酒食肉，彝族同胞们穿上节日盛装，观看斗牛、斗鸡，并表演歌舞，举行摔跤等活动。夜间，彝族同胞们燃上火把，围着村寨，举行纪念先祖的活动，然后唱彝歌，狂欢通宵。同时，火把节还是彝族青年男女一年一度相亲约会的好时光。

4. **彝族年**：磨西彝族也有本民族的彝族年，时间是每年的农历十月二十二日至二十五日之间。各地过年时间不统一，一般过三天。节日期间，彝族男女老少都穿上新彝装，初一不出门，吃团年饭，以辞旧迎新；初二祭祖，走亲拜年；初三举行娱乐活动。

康定

一曲情歌，醉了天下人

微印象

@一颗小白桦 这次在康定待了三天，真的是留下了十分难忘的记忆。而且最令人惊喜的事情之一，就是恰好遇上了藏族盛大的节日——燃灯节。这天凡属该教派的各大小寺庙、各村寨牧民，都要在寺院内外的神坛上，家中的经堂里，点酥油灯，昼夜不灭。

@Athlanr 从小就听过康定这个名字，跑马溜溜的山上一朵溜溜的云；长大后又听说了木格措，在跑马溜溜的山旁，还有一个溜溜的湖。这里时而山青水绿，时而阳光灿烂，时而红叶漫天，时而银装素裹。

门票和开放时间

景点	门票	开放时间
安觉寺	免费	9:00~17:30
二道桥温泉	60元	全天开放
跑马山	50元，索道单程30元	7:00~17:30
塔公草原	木雅金塔20元，观景塔15元	全天开放
木格措	旺季105元，淡季75元；观光车票90元	4月至11月8:00~18:00，12月至次年3月8:30~18:00
新都桥	免费	全天开放

最佳旅游时间

康定美景众多，每个景点对应的适合游览的季节也有所不同。春季微风阵阵，可游览康定情歌风景区的高山、湖泊、草甸等美丽景色；夏季，蓝天白云下的草原开满了各种颜色的小野花，相当漂亮；秋季，这个时间新都桥的红叶美景特别漂亮，新都桥被称为"摄影者的天堂"；冬季是海螺沟最美的季节，此外在贡嘎山下泡一泡著名的贡嘎温泉也是不错的选择。

景点星级

特色★★★★　人文★★★　浪漫★★★　休闲★★　美丽★★　刺激★★

Follow Me 四川深度游

"跑马溜溜的山上，一朵溜溜的云哟；端端溜溜地照在，康定溜溜的城哟……"一首《康定情歌》将康定唱响于大江南北。康定系汉语名，因丹达山以东为"康"，取康地安定之意，故名。藏语称康定为"打折多"，意为打曲、折曲两河交汇处。旧史曾译作"打煎炉"，后通译"打箭炉"，简称炉城。

康定，既是情歌的故乡，又是茶马互市的重镇，锅庄文化的发祥地。雄伟的雪山，晶莹的湖泊，苍翠的森林，碧绿的原野，炽热的温泉……海洋季风顺着南北走向的横断山蜿蜒而至，使这里雨量充沛，云雾常生。当你去过了康定，也许会有很多东西让你忘记那首让它出名的情歌。

川藏南线

① 安觉寺

安觉寺坐落于康定城内将军桥西侧，是一座著名的格鲁派寺庙，本名安雀寺。据传，1652年，五世达赖路经康定，应当地五名高僧的请求，亲自选定庙址，并为庙址开光。寺庙是一座由四周石墙围成的藏式木质结构四合院建筑，内设宗喀巴正殿、弥勒、护法两偏殿，僧房二十余间，合成一座四合大院，是城中难得的清静之地。

② 二道桥温泉

康定多温泉，影响最大的当首推雅拉河畔的二道桥温泉，素有"温泉浴月"之美称，泉水自地下涌出，池水清澈见底。二道桥先前称为"望江楼"，建于清乾隆年间。这座新修的藏式庭院建筑，有琉璃瓦屋，有刻花门窗，有庭阁围廊，集浴池、餐厅、茶座、客房雅间等为一体。

链接　二道桥的来历

二道桥温泉最初只有一间一间简陋的浴室，为方便浴者休息，池旁观音阁处建有一座楼阁，取名"望江楼"，因此得名。民国初年，在望江楼下又修建了一座双层排水、亭阁式雕梁彩绘的"通天桥"，桥的左岸照壁上题有"小天竺"三字，故又有"通天桥"之称。后来，雅拉河上又架桥数座，于是"二道桥"之名约定俗成。

③ 跑马山

"跑马溜溜的山上，一朵溜溜的云哟。"一曲康定情歌使得跑马山扬名世界。康定城区周围有三座山环绕，其中之一就是跑马山。跑马山，藏名拉姆则，意为仙女山。因山顶有湖泊五色海，故又名五色海子山。

从跑马山脚左侧近泥巴山或驷马桥处上山，穿过杜鹃、红白刺玫花丛错落的山径，就到了五色海。东山崖上瀑布飞流，珍珠万颗直泻湖中，湖水澄澈似镜，朝阳初临，飞瀑倒映湖中，阳光五彩缤纷。跑马山腰南，绿荫掩映中，有楼台巍然，此为咏雪楼。冬春之际，西南山川尽由冰雪雕塑，晴天丽日，近岭苍翠，远处雪山挺拔。

087

Follow Me 四川深度游

攻略

传说农历四月初八是释迦牟尼佛诞辰，这一天九龙喷圣水为其沐浴，故又称"浴佛节"。康定城区的各佛寺要组织仪仗队自康定东门出，上跑马山，下经公主桥，转金刚寺、南无寺，沿阿里布谷山腰至子耳坡返回。信徒们亦随之转山，以纪念佛祖诞辰。

四月初八正是康定春暖花开的季节，信徒们转山礼佛的同时踏春畅游，久之成俗，"四月八转山会"就成了康定最重要的民俗传统节庆活动。同时举办赛马会，几乎等同于康定的狂欢节。

❹ 塔公草原

"塔公"，藏语意为"菩萨喜欢的地方"，塔公草原是甘孜州最著名的草原，自康定沿川藏线西行，翻越折多山，过新都桥后北行达塔公寺，沿线的河流、草原、森林、山体、寺庙、藏房建筑和浓郁的藏乡风情构成草原景色。

草原上地势起伏和缓，水草丰盛，牛羊成群。每年春末夏初，塔公草原春光明媚，绿草茵茵，分布在牧场各处的帐篷里炊烟袅袅，散发出浓浓的奶香、茶香，牧民们赶着牛羊行进在辽阔的草原上，时而可以听到远处传来的悠扬婉转的牧歌声。

景区以高耸的亚拉雪山、起伏的草原和草原上金碧辉煌的"木雅金塔"为主要景观，还有塔公寺、塔公寺塔林等景点。

攻略

1. **活动**：每年藏历六月中下旬，寺庙都会举行盛大的活动，届时，四面八方的信众们都会赶来参加这一盛典，十分热闹。

2. **转经**：寺庙内有两处转经廊，一处是围绕塔殿一周的小转经廊，另一处是围绕整修寺庙（包括塔林在内）的大转经廊，据说沿顺时针方向转经会带来好运。

3. 距离塔公寺600多米处有一座塔公佛学院，学院内有400余人在此修行，运气好的话，可看到喇嘛诵经和藏传佛教特有的辩经会。

攻略

1. **赛马会**：草原上每年都要举办一两次传统的赛马会，届时牧民们身着节日盛装，从四面八方汇集塔公草原，欢度传统的节日盛会。另外，还可以骑马漫游草原。
2. **耍坝子**：每年7月中旬到8月初，在塔公草原会举办"耍坝子"活动，牧民们会在草原上扎起帐篷城，举办民间歌舞、藏戏等活动。
3. **登山**：每年的5—6月初是进山的好时机，其间河水虽涨，但不太严重；7—9月山顶气温稍高，好天气持续时间较长，是登顶的好时间。

5 木格措

木格措汉语称野人海，又名大海子，是四川西北最大的高山湖泊。四周被群山和森林草甸以及几十个大小不一的海子围绕着，由芳草坪、七色海、杜鹃峡、药池沸泉等景点组成。木格措左侧的金色沙滩被誉为爱情滩，其沙细柔软，呈金黄色，还会随着季节的更替出现水涨覆沙、水落凹沙的场景，是木格措的一大亮点。

"木格措"一日四时景，早晚不同天。清晨，雾锁湖面，银龙般的云雾在水面翻卷，会出现"双雾坠海"的动人景观。午后微风拂面时，湖面上"无风三尺浪，翻卷千堆雪"，站在湖边沙滩上，遥望远方，犹如来到了天涯海角。夕阳西下之时，余晖洒满湖面，则是一片流光溢彩，水天一色。

链接 木格措药池沸泉四绝

1. 其中的一眼泉水水温高达90℃，可以直接泡茶，被当地人称为健胃泉。
2. 健胃泉的水可以煮鸡蛋。只需将鸡蛋放入健胃泉中的小池，十分钟后捞起。此时蛋黄已经熟透，但是蛋清却并未凝固，呈豆花状，这就是著名的温泉豆花蛋。吃法很有讲究，破一小洞，先喝蛋清，再去壳吃蛋黄。
3. 健胃泉旁的明目泉，据传可以治疗眼疾，特别是迎风流泪、红眼、沙眼等症状。泉水水位恒定，既不溢出泉眼，也不消于泉底，好像取之不尽，用之不竭。
4. 明目泉旁地下涌出一池温泉，水温50℃，游客大多在此泡脚。

Follow Me 四川深度游

❻ 新都桥

新都桥又称东俄罗，是川藏线上的一个小镇，神奇的光线，无垠的草原，弯弯的小溪，金黄的柏杨，山峦连绵起伏，藏寨散落其间，川西的平原风光美丽地绽放。这就是新都桥，号称"摄影家的天堂"。

沿着川藏公路南线前行，一个个典型的藏族村落依山傍水地散布在公路两旁，房前路旁矗立着一棵棵挺拔的白杨，一群群的牦牛和山羊，点缀在新都桥田园牧歌式的图画中，平添了许多生动。离镇不远的瓦泽乡附近有一个藏族寺庙"居里寺"也是值得一看的，寺庙位于山谷中，周边环境幽静迷人。

攻略

1. 从折多山下山后，来到一个宽阔弯道处的寨子旁。此地光线情况为上午逆光、下午顺光，可在夏季的8:00以前和秋季的18:30以前拍摄。

2. 从折多山距新都桥还有20千米的一处养路道班旁，此地河对岸也是一个小村寨，依山而建，村前是大片的田园和一条蜿蜒的河流，此处是新都桥一带早晨阳光最早照到的地方，可在清晨拍到画面很美的照片。

3. 从营九公路分岔处，继续沿318国道向前行约1千米可到达一个高坡上，在此可观赏到贡嘎山主峰，故又称"贡嘎山观景台"。也可向下俯拍山下河谷平原的田园和村寨，不可错过的是对面山坡上一个村寨被早晨9:00左右的太阳刚刚照到的漂亮光影。

4. 沿营九公路向九龙方向7千米处，此地对面山坡的村寨、杨林及佛塔形成漂亮的几何形状，前景的河流和树丛则更使画面充满活力。在此地拍摄早晨为顺光、下午为逆光。若光线太低则镜头眩光厉害，故拍摄时间应为16:00以前。

5. 新都桥镇上本身没有什么景观，但其通往九龙和塔公一南一北的两条支线公路都拥有非常壮美的藏区田园风光，尤其是通往塔公的方向，有约20千米已经铺成宽阔的水泥路面，观景设施齐备，非常适合骑自行车。

川藏南线

攻略

交通 多种方式自由行

飞机

康定机场地处康定市折多山斯木措,是世界海拔第二高的机场,也被称为最美丽的景观机场。目前有飞往成都和稻城两地的往返航班。

自驾

选择自驾游览康定,一般都会从成都出发或者从西昌出发。

1. 成都出发

沿318国道西行,走成雅高速公路到达"雨城"雅安,过天全县后,连续弯道和急弯较多,需小心驾车。

2. 西昌出发

经石棉、泸定到达康定,全程346千米。

美食 饕餮一族新发现

作为川藏线上最重要的交通节点,康定提供给背包客的住宿选择可谓相当丰富。如果你不想在城内住宿,折多塘和老榆林都有充足的藏家民宿。

康定拥有康巴地区其他城镇难见的口碑老字号小吃店。东大街情歌大酒店到将军桥路段是小吃最集中的区域,多为面食、冒菜、饺子、抄手等,凉粉是本地的招牌。塔公草原生产的酸奶在康定街头也很容易见到。

藏地祥雪酒店：是一家藏式文化艺术酒店,酒店位于318国道旁,这里交通方便,在酒店露台、餐厅,甚至躺在床上都可观赏蜀山之王7556米的木雅贡嘎山主峰。

黑青稞庄园：内设茶楼、包间、观景台;半山家庭式别墅13栋,山脚草原放牧藏式白帐篷3顶,河边牧民家居牛毛黑帐篷1顶;石砌木雅藏式餐厅一座,可供100人同时就餐。

理塘
世界高城

微印象

@广漠_sunrisewee 想找个地方，让自己的心情能平静下来，首先想到的就是理塘，那个让人魂牵梦绕的地方。

@月桂叶 每一年，理塘县的各个乡要自己举办赛马会，全乡的人们都可以去参加，大家穿上节日的盛装，在美丽的坝子上搭上帐篷，赛马会一般要举行4天，头两天是赛马，后两天是唱歌跳舞。

门票和开放时间

景点	门票	开放时间
理塘寺	免费	全天开放
格聂神山	免费	全天开放
措普沟	门票100元，观光车90元	5月至9月07:30~18:30；10月至次年4月08:30~17:00

最佳旅游时间

夏秋两季。此时的毛垭大草原最为美丽。

进入景区交通

交通：成都、康定、稻城等地都有发往理塘的班车。

景点星级

特色★★★★　浪漫★★★　人文★★　休闲★★　美丽★★　刺激★★

川藏南线

世界高城、雪域圣地、草原明珠——理塘。理塘，地处甘孜州西南部，因县内有广袤无垠的毛垭大草原而得名。藏语称理塘为"勒通"，"勒"意铜镜，"通"意草坝，意为平坦纯净如铜镜般的草原。

这片"祥瑞宝地"，自古以来就是茶马互市、商贸云集的地方。雄伟壮丽的雪山草地有着丰富的森林资源，以及珍贵的药材和多样的生物等自然资源，其独特的地理位置和丰富的植被构成了长江中上游第一道重要生态屏障。

❶ 理塘寺

理塘寺又名长青春科尔寺，藏语意为弥勒法轮寺，为格鲁派寺庙。寺院依山而筑，高低错落，层次分明，寺内珍藏有各种类型的释迦牟尼镀金铜像、佛教经典、三世达赖用过的马鞍、明清时代的壁画等珍贵文物。

寺庙主体宫殿佛舍位于寺院最高处，拾级而上，佛舍内从门到内壁，从主柱到横梁，都绘有独具风格的壁画，每幅画都表现一个完整的佛教传说，这些壁画人物形象千姿百态，栩栩如生，而且寓意深刻。在大殿内的禅房内设有一、二世香根灵塔，塔高3米左右，以紫铜镀金，塔身錾有各式花纹图案，镶嵌有各种珍宝，制作工艺精湛，别具匠心。

093

Follow Me 四川深度游

攻略

1. **传统节日**：该寺每年都要举行各种独具特色的跳神、辩经、转山、展佛等法会，每年藏历六月的"六月转山会"是理塘县民间的传统节日；藏历正月十五的酥油彩塑花会更被喻为"康区一绝"，如有兴趣可在此期间前来。
2. **辩经课**：每天早上9点寺内都会有早课辩经，很神圣、专注，值得一看。
3. **燃灯节**：每年藏历十月二十五日在长青春科尔寺、冷谷寺等寺庙举办，其间有念经、祭祀格鲁派祖师等活动。
4. **麦郎曲巴法会**：每年藏历正月十五日在长青春科尔寺举办，有酥油花展、晒佛等活动。
5. **向巴曲科**：藏历正月十六日在长青春科尔寺、冷谷寺等寺庙举行，主要活动为念经等。
6. **驱鬼节**：每年藏历十二月十九日在长青春科尔寺、冷谷寺等寺庙举办，其间有跳神、念经等佛事活动。

❷ 格聂神山

格聂神山藏语名为"呷玛日巴"，也是胜乐金刚的八大金刚妙语圣地之一（在藏地，胜乐金刚的圣地只有喜马拉雅山和格聂圣山）。山中岩石有天然形成的六字真言等佛教字样，是藏传佛教徒心中的圣地。

格聂神山是四川省第三高峰，主峰白雪皑皑，在阳光的照耀下，金光闪闪。山体左右有四座卫峰护卫，两边群峰依次排列，蔚为壮观。格聂神山和旁边的肖扎神山之间的谷底里，是著名的噶举派寺庙——冷谷寺。站在冷谷寺的任何位置，抬头都可以看见伟岸的格聂主峰，在冷谷寺还能看到日照金山的壮景。

❸ 措普沟

措普沟属青藏高原东南缘，这里每一寸土地都精彩，这里汇集了山川景物的精华，措普湖及其身后的扎金甲博山，就是措普沟的精华所在。措普寺坐落在措普湖边的一块平地上，寺院背依扎金甲博神山，面对措普湖，系藏传佛教中宁玛派寺院，寺庙大殿内雕刻、壁画工艺精湛，寺院四周经幡随风飘扬。措普湖四面环山，湖区景色秀丽妩媚，有波光粼粼的湖面，清碧亮丽的湖水。

攻略

1. 每年11月至次年5月寒冬之际，会有成群的动物到低处觅食，寺院会派人定时定点撒盐巴和食物喂养它们，以至野生动物经常到寺庙大院内嬉戏觅食。

2. 在转湖的小路上，有一个很不显眼的叫"曾措"的小湖。据说在这里发誓许愿，最为灵验。

3. 经过湖边的"磨剑石"后，会看到一个小泉——"药泉"。三股清泉从地下流出，第一眼为"漱口泉"，第二眼为"洗身泉"，第三眼为"药泉"，可饮用。

4. 措普湖畔有一个巨大的"求子石"，许多久婚不孕的夫妇专程到此朝拜，据说敲一敲求子石，就会如愿以偿。

攻略

1. 喊鱼：措普湖边"喊鱼"是这里的一大奇观，当人们在湖边发出"呜呜"的叫声时，成群结队的高原裸鲤和细鳞花鱼就会蜂拥而来，游到岸边，等待人们"施舍"食物。成千上万条鱼在碧水中争食，当你把手放入水中时，还会有许多鱼来"亲吻"你的手，发出啪啪的声音，景象特别壮观。

2. 摄影：湖中有美丽的天鹅和黑颈鹤休憩，如果看到的话可要好好把这个景象留下来。但拍照的时候最好不要惊动它们。

3. 活动：一年一度的措拉区赛马会于藏历六月在措普湖畔的草原上举行。节日期间，除举行全区4个乡的赛马活动外，还要进行由措普寺主持的祭山祭湖活动，举行各乡村锅庄舞比赛，届时将热闹非凡。

4. 观景：措普湖的南面是一条巨大的古冰川遗留下来的冰积垅，站在上面可以看到措普湖的全貌。

攻略

美食 饕餮一族新发现

理塘是个缺水的地方，大部分酒店都有供水限制。不过洗澡并不成问题，城西4千米处有温泉，可以打车去草原上洗浴，也是很惬意的事情。

在理塘，吃饭等待的时间略长。因为这里海拔高，煮什么都要高压锅，所以对于赶时间的人来说，点饺子或抄手肯定要比面条慢得多。综合市场南边的幸福路，一排排全是川味小馆，偶有北方风味面食。其北边格聂路则有几家自助火锅，很受欢迎。

稻城亚丁
蓝色星球上的一片净土

微印象

@刘备 虽然一路颠簸，但是路上的风景却美得让人震撼，方圆百里的高原上全都是硕大的巨石，让人觉得自己是在外太空，只有蓝天和白云才能让人找回点身处地球的感觉！

@羌野 一定要去的地方，只有去了才能真正找到必须去的理由。

门票和开放时间

景点	门票	开放时间
稻城亚丁	旺季（4月至11月）146元，淡季（12月至次年3月）120元。观光车120元/人	4月至11月8:20~19:00，12月至次年3月8:20~18:00
海子山	免费	全天开放
亚丁村	包含在亚丁风景区门票内	8:00~18:00
傍河与色拉	免费	全天开放

最佳旅游时间

游览稻城亚丁的最佳季节是9—10月或4—5月，需要注意的是，此时虽然是这里最美好的季节，但却也是人最多的时候。亚丁最佳的拍摄季节是10月中旬，此时段最能体现"香格里拉"的神秘与美丽。

进入景区交通

位置：甘孜藏族自治州南部稻城县日瓦乡境内。

交通：成都距离稻城800多千米，稻城距离亚丁自然保护区还有110千米，可先在成都新南门客运站乘坐前往稻城的班车（康定住宿一晚），到了稻城之后可以包车或搭车前往亚丁。

1.班车：稻城县城乘稻城一日瓦的班车直接到达日瓦乡，上午10点和下午2点各有一班班车发往日瓦乡，历时为2个小时。班车到达日瓦乡之后就可以乘坐亚丁景区的观光车直接到达亚丁小镇。

2.包车：稻城机场到亚丁景区路上风景很好，会经过海子山、兔儿山垭口、傍河、杨树林，还有野海子和湖泊，适合慢慢游玩。

景点星级

美丽★★★★★　刺激★★★★　浪漫★★★★　特色★★★★　休闲★★★　人文★★★

川藏南线

亚丁藏语意为"向阳之地",又名念青贡嘎日松贡布,即"圣地"之意。亚丁是中国目前保存最完整、最原始的高山自然生态系统之一,呈现出美丽的高山峡谷自然风光。

> **小贴士**
> 1.如想要看到央迈勇,最好在洛绒牛场住一晚上,央迈勇只能在牛场这里才能看得到;不过夜的话看不到日出,日出才是最漂亮的胜景。
> 2.看央迈勇最佳位置在牛场,看仙乃日的最佳位置在冲古寺,夏诺多吉雪山则在这两处都能见到。

在亚丁,除了雪山,还有壮美的草原,秀丽的河流沟渠,以及倒映着雪山的海子,都让人流连忘返。不可错过的风光有海子山、三怙主雪山、珍珠海、洛绒牛场、冲古寺等。

1 三怙主雪山

仙乃日、央迈勇、夏诺多吉这三座雪山佛名为三怙主雪山。三座山呈"品"字形排列,仙乃日像大佛,傲然端坐莲花座;央迈勇像少女,娴静端庄,冰清玉洁;夏诺多吉像少年,雄健刚毅,神采奕奕。

雪峰周围角峰林立,大大小小共30多座,千姿百态,蔚为壮观。山峰前镶嵌着碧蓝如玉的湖泊和草甸,雪线下冰川直插碧绿的原始森林。雪山、峭壁、陡崖、海子、冰川、草场、森林、溪流营造出一片静谧、安详的世外之境。

故事 雪山寓意

相传三怙主雪山原来在蒙自乡机能村北面的山峰中(现为机能村神山),此山由三座"品"字形山峰组成,与现在亚丁保护区内三座雪山极为相似。由于沧海桑田,温度上升,冰雪消融,失去了往日的风采,佛旨意三位真神到亚丁去,三位真神不愿离开住惯了的圣地,但又不能违背佛的旨意,只好到了亚丁,同时提出了以后离开亚丁的要求。佛说:只要石头开花、马生角、你们全身变黑、周围成了花地,就可以离开此地了。

传说喻示着生态环境的破坏,全球气温上升,雪山便会融化,没有冰雪的山峰就会变成黑色的石头。

2 冲古寺—珍珠海

冲古寺位于仙乃日雪峰脚下,海拔3900米,始建于元朝,被毁后在对面建了新庙。之前的寺庙在对面的山坡上,经历过火灾后,现在只剩断垣残壁了。1928年,美国探险家洛克来到亚丁进行考察时,曾在冲古寺住了3天。洛克先生透过寺院的小窗户,沿着峡谷远眺月亮下宁静、祥和的亚丁村。据说,这就是希尔顿笔下香格里拉中美丽的蓝月山谷的原型。

珍珠海在仙乃日的脚下,从冲古寺上去约需20分钟路程。碧绿的海水在清晨天空的映射下发着幽幽的光芒,仿佛就是一块跌落在人间的深色翡翠。湖水正好倒映着仙乃日的雄姿,虽不全,但也足以让湖水沾上点神山的灵气,生机勃勃起来。

> **点赞** 👍 @黎明的身影 珍珠海是拍仙乃日倒影的理想地点,是仙乃日的融雪形成的海子,非常漂亮!

攻略

冲古寺附近有大片的草坪,是天然的盆景,主要由草地、森林、小溪和嘛呢堆组成,站在此地能一睹仙乃日和夏诺多吉的风采。冲古草坪也是到冲古寺、仙乃日脚下,以及到圣水门、洛绒牛场的必经之地。

097

Follow Me 四川深度游

牛郎神山：海拔4760米，为"三怙主雪山"的山门守护金刚，也是"仁村和叶儿红村"的守护神山。

俄初山：被誉为"闪光之山"，秋季层林尽染，万山红遍，在山顶远眺贡嘎日松贡布雪峰，景色十分壮观。

亚丁大峡谷：北起康古，途经亚丁村，南至洛绒牛场，峡谷最大深度1500米，谷长25千米，沿途景观数不胜数。

舍身崖：相传猎人冲绕多吉在舍身崖猎鹿，后羽化升天，而一个高僧自认为自己参禅悟道多年，从山崖上跳下，结果摔得粉身碎骨。

至稻城
杜鹃谷
赤土
贡岭寺
赤土河
仲椎新村
日东村
日美村
亚丁景区旅游接待中心
香格里拉镇
圣廷亚丁酒店
至泸沽湖
阿成功村
观光车站
康古村
康古大峡谷
朗日村
俄初河
景区入口
圣廷驿站酒店
仁村
俄初山
叶儿红村
拉木格村
藏拉河
贡嘎银河
牛郎神山
亚丁大峡谷
藏拉河大峡谷
⑤ 亚丁村
龙同坝
朗措
观光车站
② 冲古寺
电瓶车站
卡斯忠根
珍珠海
冲古草坪
亚丁核心区
卡斯村
仙乃日 ①
圣水门
卡斯地狱谷
电瓶车站
③ 洛绒牛场
生日措
④ 五色海
特种马站
① 夏诺多吉
至香格里拉
特种马站
① 央迈勇
舍身崖
牛奶海
④ 蓝月山谷

稻城亚丁示意图

098

川藏南线

❸ 洛绒牛场

洛绒牛场是亚丁景区内最著名的住宿地点之一，海拔4150米，为附近村民放牧的高山牧场，其本身具有广阔壮美的景致。牛场周围是高原草场，5月时草长莺飞，风吹草低现牦牛，又背靠三座神山仙乃日、央迈勇、夏诺多吉，是观看三座雪山的最佳地点。

> **小贴士**
>
> 长途跋涉的旅友可选择在此住宿，也可自己搭帐篷宿营。雪峰、森林、草场、溪流、湖泊、瀑布和牧场木屋相映成趣，在这里可与神山同息，与雪水相依，亲近大自然。

❹ 牛奶海—五色海

牛奶海又叫俄绒措，在央迈勇的山坳里，以其玲珑秀雅水色翠蓝而著名。牛奶海呈扇贝形，中间是碧蓝的雪水，周边则是一圈乳白色环绕，这圈乳白色大致就是牛奶海名称的由来。海子微微有些流动，阳光透过云层在上面不停地掠过，于是它也如宝石般变幻着光彩。海子周边是片片草甸，像块绿色的绒布，小心地呵护着这块宝石。

五色海藏语名为"纳卡措姆"，意为"山顶之海"，是个高山湖泊，三面环山，一股清澈的山泉向西顺坡而下，一直流到公主桥下，汇入折多河。五色海的湖底有许多不规则的网状花纹，每年七八月，湖底各种植物茂盛，在阳光的照耀下会呈现不同颜色，所以也有人叫它"七色海"。

故事　五色海的传说

传说很久以前，珠穆朗玛峰上的长寿五仙女中的寿祥仙女——扎西泽仁玛，东来探望姑母贡嘎神女。她游遍雪山胜景，一天来到"登托那"（跑马山）后山海子玩，见海子景色宜人，山色苍翠透人，十分高兴，于是将五彩箭置于海东，火焰聚宝盆置于海之西。一瞬间海子里呈现出五彩缤纷的色彩，海子因此而得名"五色海"。

点赞　👍 @奶牛费德勒 蓝天、白云和雪山衬托下的乳蓝色的牛奶海，风光尤其绮丽。带着征服的喜悦去欣赏。

099

神圣的雪山、辽阔的草甸、五彩斑斓的森林和碧蓝通透的海子，雪域高原最美的一切几乎都汇聚于此。

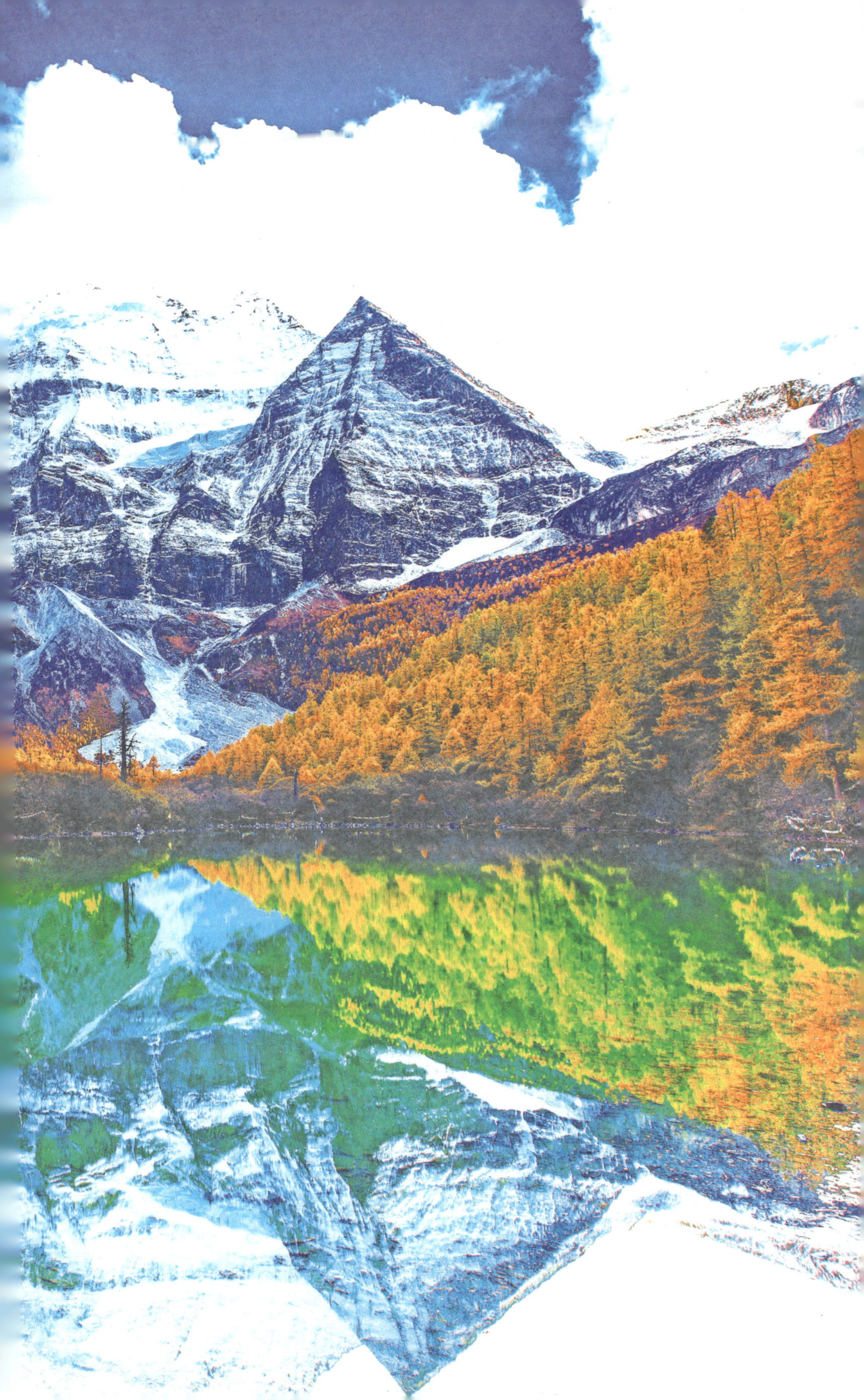

Follow Me 四川深度游

❺ 亚丁村

亚丁村隐匿在雪山与森林之间，位于山间台地上，峡谷中出现这样的台地让人有种恍若隔世的感觉，素有"最后的香格里拉"的美誉。四周是起伏的苍凉群山，山谷的尽头，巍峨的仙乃日雪峰毫无保留地沐浴在阳光之下，像寥寥几笔勾勒出的简笔画。

村子里每一户藏房的摆放都十分随意，藏寨的四周，平整的青稞也似乎是精心安排，一直铺到山坡的转陡端。夏天的油绿、秋天的金黄，甚至是收割后露出的泥土本色都极为忠实地装饰着亚丁村的美丽。

周边景点

海子山：海子山自然保护区位于稻城北部，平均海拔4300~4700米。它是青藏高原最大的古冰体遗迹，即"稻城古冰帽"。海子山主要景点有：兴伊措（海子）和兔儿山。兴伊措藏语意为"献湖"，为冰川侵蚀堆积而成，三湖相连，湖中盛产珍贵的高原黄鱼，湖边牧草茂盛，成群的野鸭和珍稀的白唇鹿、野羊、野猪等在湖边栖息。兔儿山，位于海子山北部，山势奇特，像一对兔子耳朵一样生长在山峰上，远远望去，山峰就像一只受了惊吓的兔子在惊恐地盯着你，惟妙惟肖。

> **小贴士**
>
> 该山在贡嘎山地区属于最容易攀登的山峰之一，进山方便，线路清晰，冰裂缝不多，但是它仍具有相当的难度和危险性，整个路线暴露感强，需要做的技术操作比较多。要求攀登者要具备良好的心理素质以及在高海拔地海子山区冰岩混合地形攀冰的技术经验，较为全面的攀登技巧和器材使用经验，并不适合初学者尝试。

傍河与色拉：傍河既是一条河，也是一个乡的名字。傍河乡有全世界海拔最高、面积最大的青杨树林，金秋时节，一片金黄，颇为壮观。傍河从林间穿过，每当傍晚时分，河水在夕阳的余晖中闪烁着粼粼波光，稀疏的青杨树倒映在水面上，景色如梦如幻。

色拉也是一个乡的名字，辽阔的草甸上散布着零星的藏民居。每天早上，草甸上弥漫着一层淡淡的薄雾，太阳慢慢地从山岗上升起来，照着朦胧的薄雾，色拉乡即因晨雾而著称。无论是傍晚还是清晨，傍河与色拉都会给你清新别致的感受，也能拍出美轮美奂的大片。

攻略

景区交通 多种方式自由行

❶ **观光车**：亚丁景区内有环保观光车穿行，线路是从日瓦乡的亚丁游客中心到景区入口龙同坝，往返车费为120元。

❷ **骑马**：在洛绒牛场内有马匹和向导可以租赁，马匹数量有限，所以要骑马的话，最好赶早上第一班观光车去洛绒牛场。

❸ **电瓶车**：从冲古寺到洛绒牛场有电瓶车前往，车程为12千米左右。

❹ **徒步**：也有部分朋友选择徒步游览景区，徒步路线为：D1：龙同坝—冲古寺（1.5小时）—珍珠海（1小时）—龙同坝；D2：龙同坝—冲古寺（1.5小时）—洛绒牛场（步行3小时或电瓶车半小时）—牛奶海（4小时）—返回龙同坝。

川藏南线

住宿 驴友力荐的住宿地

可住在日瓦乡或景区内，景区内住宿点包括：松林、冲古寺和络绒牛场，冲古寺宿营点是看仙乃日的最佳选择，络绒牛场的宿营点是看央迈勇的最佳位置。此外，还有嘉央伦珠、园梦园等酒店可供选择。

亚丁能够接纳大约450位游客，在节假日期间景区可能会限制游客人数，所以去之前一定要了解清楚。

美食 饕餮一族新发现

稻城以馒头、糌粑、酥油茶、牛羊肉、青稞酒、酸奶等藏式食品为主，日瓦乡的菜品更为简单，如无法适应其特殊的口味，游客最好自备一些干粮。

亚丁景区内没有餐饮服务，须在稻城或者日瓦买好中午的食物和水。晚上和早上则可以在客栈和民宿解决，但是价格比县城高很多。

行程推荐 智慧旅游赛导游

去亚丁最好安排3—4天的时间，第一天早上从稻城出发到景区入口龙同坝处租马匹到达冲古寺营地；第二天早起前往珍珠海拍摄仙乃日倒影，然后前往洛绒牛场拍摄雪山和牛奶景色，继续深入景区拍摄牛奶海、五色海，近距离拍摄仙乃日雪山后返回牛场住宿，拍摄日落时分的央迈勇，然后由洛绒牛场返回稻城。

特别提示

❶ 进入景区最好多带些御寒和防御的外衣，登山鞋也很必要。对准备转山的人来说，电池充足的头灯不可少。

❷ 从四川成都方向去稻城亚丁，一般来讲到达时间基本为傍晚，可以先在即将到达的路上看看名气很大而实际一般的红草地，要想进去拍照需要交费用，其实大可不必进去，只要站在公路上拉长焦拍就可以了。

❸ 秋天去稻城亚丁，尽量带冬季的厚衣服，羽绒服是一定要带的，山上经常下雨、下雪，保温在高原是最重要的，另外要多喝水。

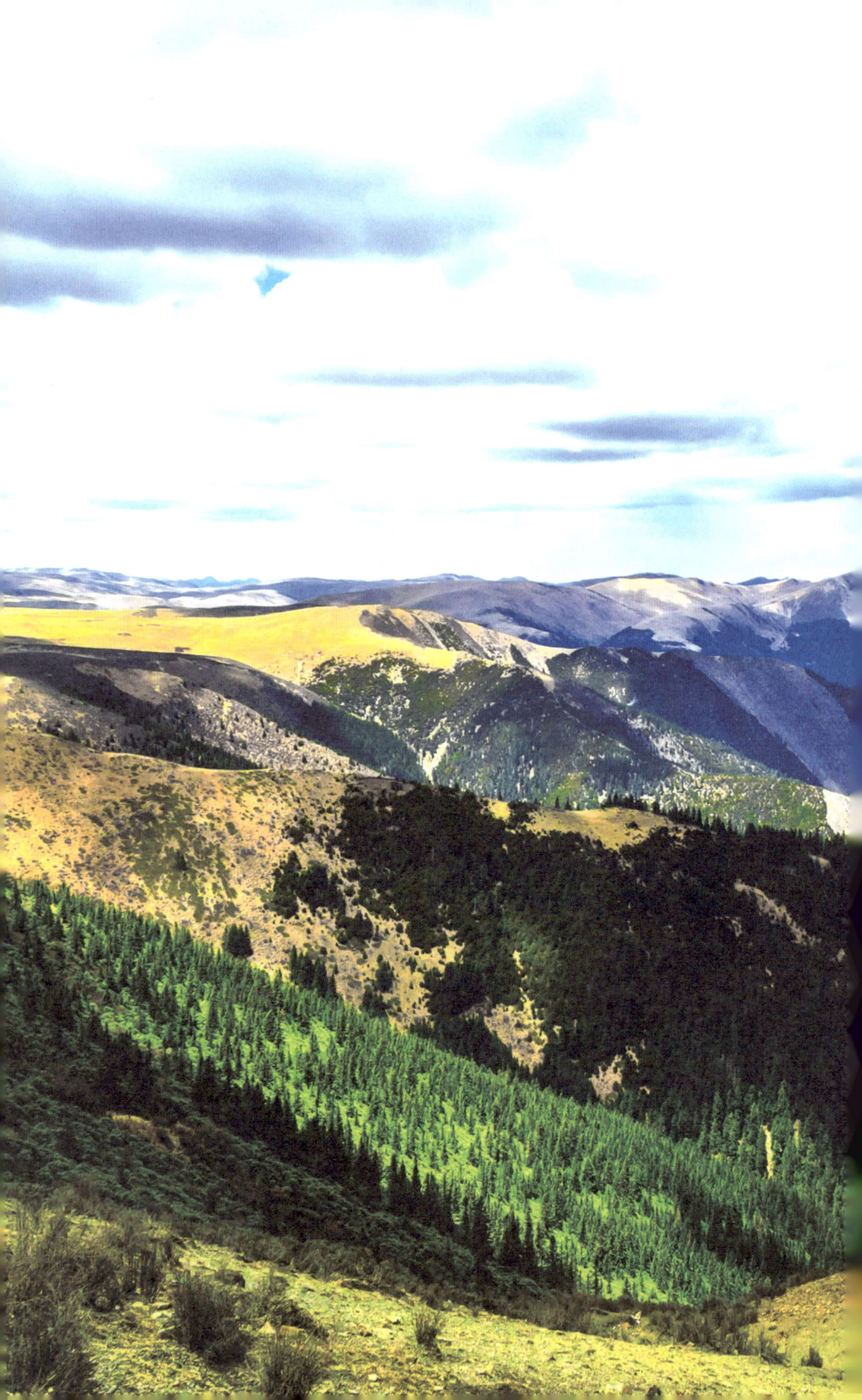

第3章
川藏北线

理县
四姑娘山
丹巴
德格

四川深度游
Follow Me
慢旅行的倡导者

理县
东方古堡与红叶情

微印象

@荧念一生 天空逐渐放晴，漫山遍野的红黄叶在太阳光的照射下更为夺目，五彩斑斓的颜色给每个人带来了一场精彩视觉盛宴。只有亲眼看见才能感受到它的震撼，相机完全拍不出效果。

@一个很长很长的路途 毕棚沟是个炫酷的地方。原始森林、湿地草甸、高原湖泊、溪流瀑布、奇山异峰、雪山冰川、彩林红叶、峡谷温泉等自然景观，都可以在这里尽收眼底。

门票和开放时间

景点	门票	开放时间
米亚罗红叶	免费	全天开放
毕棚沟	130元（含园区内往返交通票）	5月至10月8:00~18:00，11月至次年4月8:30~17:30
古尔沟	免费	全天开放
桃坪羌寨	60元	9:00~18:00

最佳旅游时间

10月金秋季节是最好的游览时间。此时满山的枫叶红了，景色最优美。

景点星级

特色★★★★　人文★★★　浪漫★★★　休闲★★★　美丽★★　刺激★★

川藏北线

理县位于四川省西部，属典型的中高山峡谷地形，川西北交通要塞和商贸集散市场之一。理县地处青藏高原东南部，境内群山连绵，峰峦重叠，沟谷纵横。其中米亚罗景区最负盛名，米亚罗藏语意为"好耍的坝子"。毕棚沟仙境是景区最精华的部分，融高原、山地、峡谷风光于一体，背靠著名景区四姑娘山。桃坪羌寨素有"东方古堡"之称，是目前世界上保存完整的村寨古堡建筑之一。

1 米亚罗

三千三百道沟，三千三百道梁，沟沟有红叶，沟沟有融雪，沟沟有泉涌。山被红叶遮掩，水被红叶浸染，道被红叶铺成，一簇簇、一团团燃成米亚罗秋的火焰。雪山、温泉、森林、红叶，构成一个神奇的红色梦幻走廊。这里是米亚罗。

金秋时节，红叶由高到低层次分明地从山顶到河谷竞相争艳，万树姹紫嫣红，争奇斗艳。斑斓的色彩与蓝天、白云、山川、河流构成一幅醉人的金秋画卷，刚好印证了唐代著名诗人杜牧"停车坐爱枫林晚，霜叶红于二月花"的千古名句。

攻略

1.节日：每年的10月中旬，理县都会举办米亚罗红叶节，当地的少数民族群众载歌载舞欢迎远方的来客，拿出香浓的酥油茶、糌粑、青稞酒招待各地游人。届时，还将举行庙会、狩猎、民族舞蹈等一系列民俗活动。

2.摄影：红叶景观最集中的地段在理县薛城镇至米亚罗镇之间，可租辆车子走一段沿途拍照。拍摄红叶时可以用长焦镜头，将位于高处的红叶拉近，特写优美的红叶形状。11:00以前和15:00以后，是拍摄红叶的最佳时间，此时光线柔和，明暗反差和阴影比较小。

2 毕棚沟

毕棚沟位于大名鼎鼎的四姑娘山背后，沟内以冰川、雪山、草甸为主，是国内知名的红叶观赏胜地。毕棚沟最为知名的便是它的秋景，金秋时节那里是一个充满无限惊喜的彩色世界，道路两旁树木的树叶都被染成绮丽的鲜红色和金黄色。这时候，万山红遍，层林尽染，3000平方千米的红叶，如春花怒放，红涛泛波，金黄流丹。而且此时的毕棚沟天气状况也非常好，无论是徒步穿越还是乘坐观光车，都很适合。

107

Follow Me 四川深度游

攻略

与同在四川的九寨沟相比,毕棚沟的名声差了不止一点点。毕棚沟有点像深巷中的美酒,只有尝过的人才会一直帖记着。

毕棚沟在四姑娘山的背面,这里的好处在于这一趟若是走完整了,可以在数天之内将春夏秋冬走个遍。毕棚沟的生态环境上佳,树木种类繁多,且多数长势都极好,参天古木都不算稀奇。至于流云飞瀑,在毕棚沟也如下酒的小菜,都成了寻常能见物。至于高处的红叶杜鹃,也是一派浑然天成的姿态。

高山总伴有湖泊,毕棚沟海拔3600多米的地方,就有一个碧绿的卓玛湖,多数游客气喘吁吁到此都会即刻收敛呼吸声,怕扰了姑娘的清净。卓玛湖的上方不远处,有一个叫白龙瀑布的景点,平时也无甚稀奇,一如别的瀑布。但到了冬天,它就成了冰瀑布。

③ 古尔沟温泉

古尔沟温泉位于古尔沟神峰山下杂谷脑河畔,其温泉水高达62℃,每天2000多吨的流量在穿越了无数的山涧后到达成阿公路旁边时依然热气缭绕。进入温泉区,独具民族特色的建筑风情万种,红色的琉璃瓦,白色的墙,雪地上五彩的帐篷,若隐若现在乳白色的蒸气里,被群山的白雪衬托着,仙境般净化着人的思绪。

小贴士

古尔沟是成都到川西北交通要道上的住宿点,在观赏红叶的秋季,这里的旅馆非常紧俏,去之前最好提前预订一下酒店。

川藏北线

4 桃坪羌寨

　　桃坪羌寨位于杂谷脑河畔桃坪乡，是世界保存最完整的羌族建筑文化艺术，至今仍然保持着古朴风情的原始羌族村寨。寨内一片黄褐色的石屋顺陡峭的山势依坡逐坡上垒，其间碉堡林立，被称为最神秘的"东方古堡"。

　　桃坪羌寨以古堡为中心筑成了放射状的8个出口，出口连着甬道构成路网，本寨人进退自如，外人如入迷宫。寨房相连相通，外墙用卵石、片石相混建构，斑驳有致，寨中巷道纵横，有的寨房建有低矮的围墙，保留了远古羌人居"穹庐"的习惯。民居内房间宽阔、梁柱纵横，一般有2~3层，上面作为住房，下面设牛羊圈舍或堆放农具，屋内房顶常垒有一"小塔"，供奉羌人的白石神。

攻略

1. 碉楼是整个寨子的标志性建筑，目前仅存两座，一座是陈仕明家的住宅，另一座雄踞在寨子对面的河岸上。

2. 羌族最隆重的民族节日为"祭山会"（又称转山会）和"羌年会"（又称羌历年），分别于春秋季举行。这实际上是一种春祷秋酬的农事活动，却充满着浓郁的民俗色彩，更折射出远古神秘文化的光辉。感兴趣的话可以选在节日期间前往。

3. 在桃坪羌寨不但可以尽兴地观赏羌家歌舞，还可以参加篝火晚会，在熊熊篝火的辉映下，跟着羌族姑娘小伙翩翩起舞，非常有趣。

5 孟屯河谷

　　孟屯河谷风景区处在大九寨国际生态旅游圈内，海拔2000~5500米，河谷分为上孟和下孟两个区域。上孟是藏语"什古"的音译，即"吉祥之地"，因地处孟屯河上游而故名，居民皆为嘉绒藏族。

　　孟屯河谷最漂亮的三条沟是老君沟、高桥沟、塔斯沟。这里有离成都最近的喇嘛庙，藏式居住群房和藏家风情。这里是一处尚未开发的旅游处女地，原始古朴的自然风光吸引着众多徒步登山爱好者。谷内早晚温差较大，住宿也大多是民居，但也同样适合露营。

109

四姑娘山

珠峰训练营

微印象

@芫野 来这里还需要理由吗？蓝天、白云、雪山、植被，没有一样不令人流连忘返，至于艰难的登顶之路，更是一种痛并快乐着的享受。

@梅西有戏 10月初的四姑娘山，色彩、层次相当丰富，山上呈现出漂亮的红、黄、绿，与蓝天白云相映生辉，俨然一幅漂亮的油画。

@查而司 名副其实的姑娘山，秀外慧中，在云雾中躲藏，像是一位娇羞的姑娘，颇有"千呼万唤始出来"之感。山上有河沟，河里的水清甜而新鲜，仿如仙境！

门票和开放时间

门票：双桥沟旺季80元，淡季50元；长坪沟旺季70元，淡季50元；海子沟旺季60元，淡季40元。

开放时间：7:00～15:00。

最佳旅游时间

每年的7月、8月和10月中旬至11月中旬为最佳游季。每年的七八月满山鲜花盛开，繁花似锦，还可以下沟感受雪山之水的清凉；10月中旬至11月中旬，四姑娘山秋色醉人，可以拍出最美的照片。

进入景区交通

位置：阿坝藏族羌族自治州小金县与汶川县交界处的日隆镇境内。

交通：1.班车：成都茶店子车站每天上午7:30、9:00和12:00分别各有一趟发往小金县的班车。到达小金县后再转乘到四姑娘镇的班车或者打车前往景区。

2.自驾车：成都到四姑娘山全程286千米，行车路线为：成都—都江堰—旋口镇—映秀镇—卧龙—四姑娘山，途中要翻越海拔4500米的巴郎山。全程正常行车时速可达60~80千米，行驶时间需5~6小时。

3.包车：从成都包车至四姑娘山价格约为150元/人，车程为5个小时。

景点星级

美丽★★★★★　刺激★★★★　浪漫★★★★　休闲★★★★　特色★★★　人文★★★

四姑娘山是中国境内距离大城市最近的一座雪山，由4座长年被冰雪覆盖的山峰组成，如同头披白纱、姿容俊俏的4位少女，其中幺妹身材苗条、体态婀娜，常说的"四姑娘"就是指这座最高最美的雪峰。

　　景区主要由"三沟一山"组成，核心景区包括双桥沟、长坪沟、海子沟和四姑娘山，相对而言，双桥沟以观光游见长，海子沟以探险游著称，四姑娘山主要是登山活动，长坪沟主要是生态游。举世闻名的卧龙大熊猫自然保护区就坐落在四姑娘山东坡。

　　山体从沟谷到山顶垂直带谱明显，一日可见四季景观，蓝天白云、雪峰飞瀑、雄山秀水、千年沙棘、高山草甸、奇花异卉在不同季节自然有机组合，构成了一幅幅撼人心魄的大自然动态立体画卷。山麓森林茂密，绿草如茵，清澈的溪流潺潺不绝，宛如一派秀美的南欧风光。

111

Follow Me 四川深度游

四姑娘山示意图

- 红杉林冰川
- 玉兔峰
- 阿妣山
- 红杉林
- 鹿耳冲塘
- 阿妣山观景点
- 牛心山
- 野人峰观景点
- 布达拉峰观景点
- 白沙滩
- 野人峰
- 猎人峰观景点
- 牛棚子
- 布达拉峰
- 鹰嘴岩
- 哑口
- 白海子
- 骆驼峰
- 渡母峰
- 鹰嘴岩观景点
- 盘羊聚会
- 羊满台
- 鸡冠石
- 犀牛望月
- 乌龟石
- ② 长
- 漂流入口
- 猎人峰
- 上鹿耳葱海子
- 尖子山
- 漂流出口
- 高岩窝
- 天门
- 水打坝
- 双 ①
- 盆景滩
- 木骡子
- 婆缪峰
- 四峰
- 红石阵
- 九架海
- 雷鼓石
- 三峰
- 两河口
- 二峰
- 双海子
- 桥
- 五色山
- 夏格
- 洛冰川
- 上干海子
- 大峰
- 犀牛海子
- 下干海子
- 大黄棚
- 沙棘林带
- 日月宝镜山
- 沙棘林
- ③ 海
- 人参果坪
- 龙洞
- 双桥沟保护站
- 唐柏古道
- 娃娃海
- 五色山观景点
- 二道坪
- 花海子
- 白杨林带
- 头道坪
- 大海子
- 子
- 沟
- 游客中心
- 石稍台
- 老牛园子
- 四姑娘山景区管理局
- 登山出入口
- 日月宝镜观景点
- 打尖包
- 阴阳谷
- 三锅庄
- 十里白杨林带
- 郭庄斋戒坪
- 朝山坪
- 石板寨
- 日隆镇
- 拜姑脚
- 沟口

112

川藏北线

❶ 双桥沟

　　双桥沟是三条沟中最西边的一条，其得名是因为当地老百姓为了便于通行，在沟内搭建了两座木桥，其中一座是由杨柳木搭建而成，俗称杨柳桥；另一座由红杉木搭建而成，俗称便桥。

　　双桥沟全长34.8千米，初步探测有17个观景点，54个景点。进入沟内，阴阳谷山势陡峭，曲折幽深，别有洞天；日月宝镜山、五色山、尖子山、猎人峰、鹰嘴岩、人参果坪、撵鱼坝、盆景滩、红杉林冰川等景致如锦簇画廊，令人流连忘返。加之山水相依，草木相间，云遮雾绕，置身其中，宛若仙境。

攻略

1.双桥沟是景区唯一能以车代步游览的一条沟，坐车到雪山脚下时可以看到红杉林。

2.下山途中有一家藏房，如感兴趣可以进去品尝一下他们自制的烧馍馍、青稞酒、酥油茶，特别是酥油茶可以缓解高原反应。

故事 四姑娘山的传说

　　四姑娘山相传原为四位美丽善良的姑娘，为了保护她们心爱的大熊猫，与凶猛的妖魔作英勇斗争，最后变成了4座挺拔秀美的山峰，即四姑娘山。

❷ 长坪沟

　　长坪沟沟口至沟尾长29千米，在这条绿色长廊上分布了21个观景点。沟内的原始植物种类非常丰富，而且植被保存完好。成片的原始森林里，古柏高大挺拔，青松枝密叶茂，杉树、杨柳密密匝匝，遮天蔽日；头上，阳光穿透树冠，洒下万缕金光；脚下，长满青苔的沃土诉说着特有的幽静与原始，俨然是一幅"林深不见人""清泉石上流"的诗情画意般的美景图。森林尽头，豁然开朗，只见一片草甸置于群山环抱之中，其间有一条溪流潺潺流淌，蜿蜒回转，俨然进入另一番天地。

攻略

1.进入长坪沟可以骑马或走栈道，景色完全不同，建议走栈道，看到的美景会更多。栈道旁溪水潺潺，接近四姑娘山的山脚，雪山景色不是一般的美丽。这里海拔有点高，步行两个小时后全身乏力，举步维艰，最好带些高热量的食物，如巧克力，以补充体力。

2.长坪沟也是户外运动爱好者的理想地，因为它是登三峰、四峰的重要营地，也是攀岩攀冰的理想场所，同时，从长坪沟还可以穿越到理县的毕棚沟。

点赞

👍 @爽歪歪 长坪沟内绿树如茵，远处雪山白雪皑皑，沟内空气清新得像大雨过后，溪水潺潺动人，骑石耳马在森林中穿行，感觉好极了！

👍 @真水无香 越往沟里走，风景越好。可以看到四姑娘山的幺峰、婆缪峰、骆驼峰、蓝天、白云、雪山、秋叶交织，真是人在画中行！

113

Follow Me 四川深度游

❸ 海子沟

海子沟全长19.2千米，因有星罗棋布的10多处海子而得名。景区空旷平坦，有原生草甸，阳面山坡的青杠灌木林中有各种菌类，阴面山坡的灌木林在秋季打霜以后，呈现层林尽染、万山红遍的壮丽景观。来自地球第四纪的远古鱼类被保存至今，成为人们了解这块土地的活化石。

点赞 👍 @欣然mai 个人认为海子沟是三条沟中最漂亮的一条，车子行走在云海中间，有种腾云驾雾的感觉。

攻略

1. 阳面山坡上有被称为菌类之王的松茸，其香味独特，其他菌类无法相比。
2. 四姑娘山深处有个奇特的景观——龙眼，据说只有采药的人到过这个地方，其形状如龙吐水，故名"龙眼"。从海子沟进山，途经海子沟、热水可到达"龙眼"。参观"龙眼"最好的季节是7、8月份雨季，可以看到很漂亮的瀑布景观。
3. 过海子沟尽头的犀牛海子后，再翻一个海拔4800米的垭口，在这个垭口上可以看到常人很难见到的四姑娘幺妹峰背景，壮丽不同寻常。

攻略

景区交通　多种方式自由行

❶ **环保车**：景区内有环保观光车可以代步，乘车进沟后可在任何地点下车或上车，汽车招手即停，十分便利。旺季观光车票为：双桥沟70元/人，长坪沟20元/人。

❷ **骑马**：景区内提供马匹出租，价格标准为：长坪沟喇嘛寺—木骡子320元/人；海子沟沟口—锅庄坪或朝山坪100元/人；沟口—大海子200元/人。价格为往返价，半路骑马可讨价还价。

❸ **徒步**：要想细细品味四姑娘山秀丽、宏伟的自然风光，徒步旅游是最好的方式，但出发前一定要有充分的时间及相应的装备。

❹ **包车**：双桥沟内有一条通车土路，全长34千米，可包车进出，当地包车价格在120~200元之间。

川藏北线

住宿　驴友力荐的住宿地

景区内有成规模宾馆，也有许多具有嘉绒特色的藏家乐。

此外，也可住在日隆镇上，日隆住宿片区分两块，一个在镇上，另一个在长坪村。镇上有各类客栈，长坪村有当地的藏族民居，价格都比较便宜。

暮野轻居精品客栈：位于长坪沟，为经济型酒店，可提供基础设施与服务，酒店周围植被茂密，靠山房间幽雅静谧。

西渡国际青年旅舍：位于金字街90号，距离长坪沟景区游客中心仅300米。旅舍设有一个工业风加美式乡村风的大厅设计，楼顶设有一处60平方米的观景台，可直面四姑娘山。

见山熙设计师酒店：位于长坪沟村3组18号。酒店以设计师理念与自然的趣味美学，实现山居度假新升级，提倡"闲适·乐趣"的生活理念，内有许多细节设计。

美食　饕餮一族新发现

景区各条沟内均没有提供午餐的地方，所以通常午餐需要自带。日隆镇街上有一些杂货店，可以买到方便面、饼干、火腿肠、矿泉水、罐头之类的食物。双桥沟沟口也有一家送餐小店，可以预订将快餐送进双桥沟内。

如果吃得惯藏餐，可以尝尝藏族特色食品，如糌粑、烤全羊、酥油茶、青稞酒、奶制品（奶酪、奶渣、奶皮和酸奶）、牦牛肉、虫草鸭等。四姑娘山镇上有几家味道还不错的餐馆，如林妹妹火锅、四姑娘山吾野光影藏式餐厅、长坪驿多肉花园咖啡餐厅、双琉肥肠粉川菜饭店。

特别提示

❶ 四姑娘山冬季时很多酒店会关门停业，去之前一定要跟酒店确认好！冬季前往时一定要带好足够的防寒衣物。

❷ 最好穿两双袜子，因为一直骑马的话脚会比较凉。另外，在雪宝顶时早晚也很凉，早上起来地上都是霜。

❸ 建议最好去之前先去练练骑马，因为一直都是自己骑，并且很多路都挺危险，控制不好马会跑进林子内。

115

丹巴

青山翠竹　嘉绒江南

微印象

@湘楚人士 风景是相当迷人，这里的姑娘几乎不施粉黛，不用华丽的衣饰去装扮，也美得惊人！

@无赖小子 丹巴好美，尤其是藏寨的风光和民风。丹巴美女真的很漂亮，配上那华美的藏服，真让人有进入仙境的感觉。

@八爪鱼走天下 被《中国国家地理》杂志评为中国最美的六大乡村古镇之首，确实名副其实。雪山、草原、海子、温泉、大河、藏寨、碉楼等自然、人文景观丰富，不虚此行。

门票和开放时间

门票：梭坡碉楼免费；甲居藏寨50元，观光车往返35元。

开放时间：全天开放。

最佳旅游时间

春秋两季是最佳时间。春天前来可以看到丹巴的繁花似锦，秋季则能见到丹巴的绚丽多彩。

进入景区交通

位置：甘孜藏族自治州东部。

交通：

1.班车：成都茶店子客运站每天上午9:00和9:30各有一趟开往丹巴的班车，票价150元。康定汽车站每天7:00和15:00各有一趟到丹巴，票价52元。

2.自驾车：丹巴公路便捷，自驾前去大致有3条公路：①成都—都江堰—卧龙—小金四姑娘山—丹巴（365千米，由于目前在修路，只能通行小车）；②成都—雅安碧峰峡—泸定海螺沟—姑咱—丹巴（451千米）；③成都—绵阳—九寨沟—黄龙—马尔康—金川—丹巴（579千米）。

景点星级

人文★★★★★　美丽★★★★　特色★★★★　休闲★★★★　浪漫★★★　刺激★★

丹巴深厚的文化积淀、秀丽的山水养育了一代代佳丽，因此丹巴又称"美人谷"。西夏皇族后裔的血质禀赋，唐代"东女国"的遗风流韵，明清宫廷服饰的浓妆素裹，嘉绒藏族传统歌舞的锦上添花，使得丹巴姑娘与众不同。

这个深藏在横断山脉中的世外桃源，曾是法国SPOT卫星寻找的地球之花，如今在世人面前逐渐被揭开了神秘的面纱。山水间嘉绒锅庄的悠悠长调、晒场里丹巴藏戏的古老神秘、古碉下成人仪式的庄重典雅、草甸上赛马盛会的粗犷豪放，展示出一幅幅绚丽多彩的嘉绒藏族风情图。

1 墨尔多山

位于县城东北的墨尔多山是藏区的八大神山之一，素以神奇著称，据传山上一共有108胜景。主峰北面有天然形成的喜马拉雅、冈底斯、阿尼玛卿等藏区八大神山的缩影造型，以及深不可测的遇有惊动就会风起云涌的高山海湖；主峰东面有数十座造型逼真的天然石碉群；西面是神奇的神仙洞和自生塔。墨尔多神山的神奇，被古往今来的游人墨客所顶礼和传颂。

攻略

1.藏区群众每逢农历七月初十即墨尔多将军神诞辰日，都会从各地云集在神山脚下的墨尔多庙参拜墨尔多将军，进香还愿，转墨尔多神山。"七月初十"自然也就成了嘉绒地区一年一度的"墨尔多将军会"。

2.观墨尔多神山较好的点在中路乡，中路乡既是旅游接待点，也是拍摄和观赏墨尔多神山的好地方。

117

Follow Me 四川深度游

② 甲居藏寨—梭坡碉楼

距县城以北7千米的甲居藏寨像群星般散落在依山倾斜、起伏向上的缓坡上，或星罗棋布，或稠密集中，或在高山悬崖上，或在河坝绿茵间，享有"藏区童话世界"的美称。藏寨从大金河谷层层叠叠向上攀援，一直伸延到卡帕玛群峰脚下，放眼望去，卡帕玛群峰像一位慈母敞开宽大温柔的胸襟，凭任山寨安然躺在怀中。

丹巴拥有全国最多的古碉楼，有"千碉古国"之称，而梭坡又是丹巴碉楼最集中的地方，从远处眺望这些高耸的碉楼，十分震撼。梭坡是整个丹巴，乃至全世界范围内古碉最集中的地方，共有84座之多，其中包括世界上唯一的五角碉，其价值不言而喻。隔岸观碉，对面的碉楼群在蓝天白云的映衬下巍峨壮观，一座座经受了百年乃至千年风雨侵袭、战争洗礼和地震考验的古建筑群仍旧傲立在河谷两岸悬崖峭壁之间。

小贴士
在甲居藏寨里移步换景，随时准备按下快门吧，最好的风景随时可能出现。

攻略
1. 节日：丹巴自古以来就有过嘉绒藏年的习俗，一般在农历十一月期间，具体过年时间，巴底、巴旺、革什咱等地稍有差异。年节期间，除各家庭或家族都要依次延请喇嘛、贡巴念经祀祭阿尼各尔东外，藏家山寨的碉房均得用白灰浆粉刷一新；家家户户则面要满柜，酒要满坛，水要满缸，柴要满棚；外出者此时一般都得回家过年。
2. 摄影：拍摄碉楼时用长焦镜头从远处取景将会有意想不到的效果。
3. 停车：甲居藏寨山上有停车场。

点赞
👍 @滴答 藏寨的风情不是看一眼就能体会的，当你真正地融入其中，才能品味出它的味道。
👍 @鬼门关 梭坡碉楼就像一个古城堡，既捍卫着梭坡人民，又为他们增添着光彩。

③ 党岭

党岭位于边耳乡境内，是丹巴县最吸引人的徒步和骑行线路之一。或许是因为这里海拔较高的原因，每年10月上旬，党岭便笼罩在迷人的秋色之中，满山遍野的彩林，美得让人无法形容，行走其间呼吸的皆是秋的气息。雄奇壮美的雪峰、星罗棋布的高山湖泊（海子）、苍翠茂密的原始森林、缓缓流淌的清溪、绿茵似毯的草甸、珍奇稀有的动植物以及淳朴的嘉绒藏族风情共同组成了独特的党岭。

攻略
1. 秋天是游览党岭的最佳时间，此时的党岭就是一个五彩的童话世界。
2. 党岭共有两处温泉，一处是硫黄味浓的木日插曲；另一处是周围有一大草甸的布卡插曲。温泉水内含多种矿物质，帮助改善血液循环，放松身心。

点赞
👍 @一首歌 党岭风光非常优美，其中的高山海子一个连着一个，比九寨沟的海子还要漂亮许多！
👍 @天使 简直无法用言语表达党岭的美，童话世界中的场景大概也就是这样吧！

④ 美人谷

美人谷位于丹巴县城约26千米的巴底乡，再往一条山谷上行10多千米的邛山村中，由无数漂亮的藏寨相连而成，整个山谷非常

链接 美人谷为何出美女
传说，当年西夏被蒙古所灭，大批皇亲国戚、后宫嫔妃从遥远的地方逃到这里定居，因此才有了闻名中外的美人谷，而美女代代不绝大约是受河流、山谷的滋养。

川藏北线

漂亮，是《西游记》中女儿国场景的拍摄取景地。这儿的河流、山谷滋养了那些不施粉黛、不着华丽衣饰也依旧美得动人的丹巴女子。

攻略

丹巴每年10月26—28日会举行丹巴选美节，届时会吸引来自四面八方的游客一睹丹巴美女的芳容。

丹巴旅游交通示意图

攻略

景区交通　多种方式自由行

❶ 丹巴县城—甲居：丹巴到甲居有班车，票价约5元/人。也可从县城包车前往，30元/车（可乘4人）。

❷ 丹巴县城—梭坡：从县城租车到梭坡大约10元/车（可坐4人），到梭坡乡旁下车后步行至梭坡乡，总共需要半小时时间。

❸ 丹巴县城—墨尔多神山：墨尔多神山位于中路乡，从县城乘面包车约5元/人便可到达中路乡。

❹ 丹巴县城—党岭：党岭距丹巴县城60多千米，没有直达车，必须包车前往（500元左右），或乘班车先到边耳乡，再包车前往。

❺ 也可包车同时游览这几个地方，微型面包车100~120元。

119

Follow Me 四川深度游

住宿 驴友力荐的住宿地

来到丹巴一般都选择住在县城里，从县城里到各个景区乘车都比较方便，而且县城里餐饮、购物、银行等设施也比较方便，利于出行游玩。丹巴的住宿价格也比较合理。

丹巴郎古藏家民宿：位于中路乡基卡依村49号，为舒适型酒店，设备齐全，可提供良好的服务。

丹巴美人谷大酒店：位于县城三岔河南路，与丹巴客运中心毗邻，出行便利。

丹巴鑫馨酒店：位于县城中心三岔河南路南侧，住宿条件还可以，价格便宜，适合自助游出行者。标间价格120元起。

丹巴吉美大酒店：位于县城中心三岔河南路北侧，有精品客房188间，提供极具特色的藏餐体验。

此外，梭坡、甲居和中路也有当地民居可以住宿，参考价格为50元/人，含一顿晚餐和一顿早餐。县城的游客中心有一些推荐民居的名单电话，可前去索取。

美食 饕餮一族新发现

在丹巴一定不能错过极具嘉绒藏族特色的美味佳肴，如香猪腿、老腊肉、牦牛肉、野生菌、蕨菜、坨坨肉、青稞酒、酥油茶等，另外还有石巴子、火烧馍、酸菜包子、冷锅鱼等美味。

丹巴县城内聚集了较多的餐馆，比较著名的有阿米格尔东藏茶餐厅（地址：云母矿嘉绒步行街22号，县政府对面）、第一家原生态牦牛杂（地址：章谷镇团结街67-2号）、鱼司机蒸汽石锅宴（地址：三岔河南路兴丹三期二楼6-9号）。

行程推荐 智慧旅游赛导游

丹巴二日游路线：两天的时间可以在丹巴转藏寨、看碉楼，感受不一样的民族风情。D1：从成都出发前往丹巴，傍晚到达后，游览丹巴县城，晚上住丹巴县城；D2：第二天可包车游览甲居藏寨、梭坡碉楼，看散落在山间的藏族民居和耸立其间的古碉楼。

特别提示

❶ 团结街是丹巴服务机能最集中的地方，邮政、书店、网吧、ATM机都集中在这里，丹巴县旅游服务中心也位于此。

❷ 县内的几个村寨在节假日期间都会人满为患，最好避开公众假期前去游览。

德格
康区文脉蕴藏地

微印象

@白浪滔天 德格给我最大的感觉就是人与自然和谐，还能很好地体验到茶马古道文化与康巴文化。

@风中蓝莓 整个德格城都给人一种宁静的感觉，这里湖水碧绿，溪水汹涌，山林茂密，栈道曲折，真的很适合生活！

门票和开放时间

门票：新路海30元，德格印经院50元，更庆寺免费。

开放时间：德格印经院8:30~11:30，14:00~17:30；更庆寺8:00~18:00。

最佳旅游时间

德格的最佳游览时间为每年的7—10月，夏日草原风光绝美，秋日的新路海颜色最绚丽。

进入景区交通

位置：甘孜藏族自治州西北部，西隔金沙江与西藏相邻。

交通：

1.班车：成都到德格没有直达的客车，可以在康定中转，康定汽车站每早6:00有一班到德格的班车，历时约16个小时，参考票价213元。

2.自驾车：从成都自驾去德格的路线为：成都—映秀—卧龙—邓生—日隆—小金—丹巴—八美—道孚—炉霍—甘孜—马尼干戈—德格。

景点星级

人文★★★★ 特色★★★★ 美丽★★★ 休闲★★★ 刺激★★ 浪漫★★

Follow Me 四川深度游

　　如果理塘是康区的灵魂，甘孜体现的是康区的气势，德格则蕴藏着康区的文脉。放眼望去，德格周边名刹之密集，康区无处敢与之相比；德格印经院仍然是藏族文化传播最重要的中心之一；德格方言是语言复杂的康区最接近官话的方言；遥远的格萨尔王传奇且不说，当下不少有名的藏族作家、藏族歌手，都拥有一个共同的家乡——德格。德格很小，但或许正是德格峡谷的狭小逼仄，才使得这里的人对精神追求更为纯粹。

1 德格印经院

　　从德格的步行街往山上方向走，约50米就可以走到。德格印经院位于更庆寺内，始建于清雍正七年（1729年），是藏区最大的印经院，印经院现保存有世称"德格版"的藏文印版27万多块，包括藏传佛教各教派经典，不但有藏传佛教经典和藏族文化的发展历史，还包容了大量的古代亚洲文化思想史料，甚至天文、地理、医方、百工等，其收藏范围之广之丰，堪称"雪山下的文化宝库"。印经院中的经书珍本、孤本，更是举世瞩目，在藏区，几乎所有的寺院都会以珍藏德格版的经书为荣。

川藏北线

攻略

1. 参观印经院最好是早上去，下午很多印版工人就休息了，这样无法看到整个印经的过程。拍摄印经时需要征得印经者的同意，且注意保持一定的距离，最好用长焦镜头拍摄。
2. 德格印经院里禁止拍照，拍照时的闪光灯会对那些极为珍贵的文化造成损害，如要留影做个纪念最好到3楼户外平台或者门外。
3. 印经院门上是孔雀法轮而非藏传佛教寺院常见的双鹿法轮，非常有特色，传说是清廷为了彰显印经院对文化传播的贡献而特许的。

点赞 👍 @无疆 德格印经院的地位在藏区中是十分崇高的，经院里珍藏了大量的雕刻印版，数量之大令人叹为观止，在经院里能看到经书从印刷到装订的全过程，是川藏线上必须要看的一个人文景观！

❷ 新路海——雀儿山

新路海位于雀儿山脚下，是四川4000米以上海拔最大的冰川湖，也是离317国道距离最近（20米）的湖泊。新路海藏语名为玉龙拉措，"玉是心，龙是倾，拉措是神湖。"相传藏族著名史诗《格萨尔王传》中的英雄格萨尔的爱妃珠牡来到湖边，被秀丽的湖光山色和幽静的环境所吸引，徘徊湖边流连忘返，她那颗眷念美丽河山的心犹沉海底。后人为了纪念珠牡，取名为玉龙拉措。

新路海及周围生态原始完整，晶莹的大型冰川从海拔5000米的粒雪盆直泻湖滨草原，极为壮观。湖泊周围有高原云杉、冷杉、柏树、杜鹃树和草甸环绕，蓝天白云、雪峰皑皑，冰川闪烁、青山融融、绿草茵茵、波光粼粼，湖岸珍禽异兽出没，湖中野鸭成群、鱼儿游弋。夏秋季节，山花烂漫，争芳斗艳，真可谓世间仙境。

雀儿山藏语称"绒麦俄扎"，意为"山鹰飞不过的山峰"，是川藏北线的交通要塞，是四川甘孜州境内最险的一座雄关，翻越雀儿山的整个里程约30千米。雀儿山上的天气变幻无穷，有时云雾遮天，有时雨水冰雹，有时天边又能看到蓝天白云。

小贴士

旅行者可以从德格县的玛尼干戈镇步行两个小时后到达，也可以包车到达。售票处有少量的床铺可供住宿，也可以在湖边扎营。

小贴士

玛尼干戈镇上到处都是小牛犊般大小的藏獒，悠闲自在地在大街上来回走动，叫声低沉浑厚。见到没有拴的狗时，你不要害怕，这些狗再大也不会咬人，但是，那些拴起来的狗，再小也不要去招惹。

123

Follow Me 四川深度游

❸ 阿须草原

　　阿须草原位于德格县马尼干戈西北方向120千米处，海拔4000米左右，总面积达8.5万多公顷。草原山清水秀，地表坦荡，远处山峦环绕，雅砻江川流而过。传说这里是格萨尔王出生、成长并征战一生的主要地区，藏族人说格萨尔在这里建立了岭国的地点。草原上有各种有关格萨尔王的遗迹，当地牧民几乎都能唱几段《格萨尔王传》。

> **点赞** 👍 **@老道很健朗** 一望无际的阿须草原让人着迷，那里狂野的景色让人感觉特别震撼！

攻略

　　去阿须草原的途中要经过竹庆寺，这里是格萨尔藏戏的发祥地，可以进去参观一下。沿竹庆上行约2千米，崇岭之间有一平台，相传是格萨尔王祭祀天神的地方，至今经幡飘舞不绝。

攻　略

景区交通　多种方式自由行

❶ 德格县城—马尼干戈：到甘孜和德格的班车一般11:00会经过马尼干戈，可在此下车。

❷ 马尼干戈—阿须草原：相距120千米，从德格去阿须草原必须包车前往，往返价格150元左右。

住宿　驴友力荐的住宿地

　　德格宾馆多半集中在河边，从雀儿山方向到车站500米范围内都是旅馆和餐厅，条件较好的宾馆有雀儿山宾馆、香巴拉宾馆等，也可选择住在私人藏式旅馆，床位价格比较便宜。

　　另外，马尼干戈也可以住宿，马尼干戈的旅店都集中在通往德格的路上，位于石渠方向路口西侧的帕尼酒店算得上是这里比较好的旅馆了。帕尼酒店旁也有两三家民宿可以住宿。

美食　饕餮一族新发现

　　在德格能够品尝到最纯正的藏族食品，如酸奶、糌粑、酥油茶、风干牦牛肉等。由德格而南至金沙江边能够吃到鲜美的细甲鱼，其鱼鳞极小，鱼肉极嫩。

新路海风光

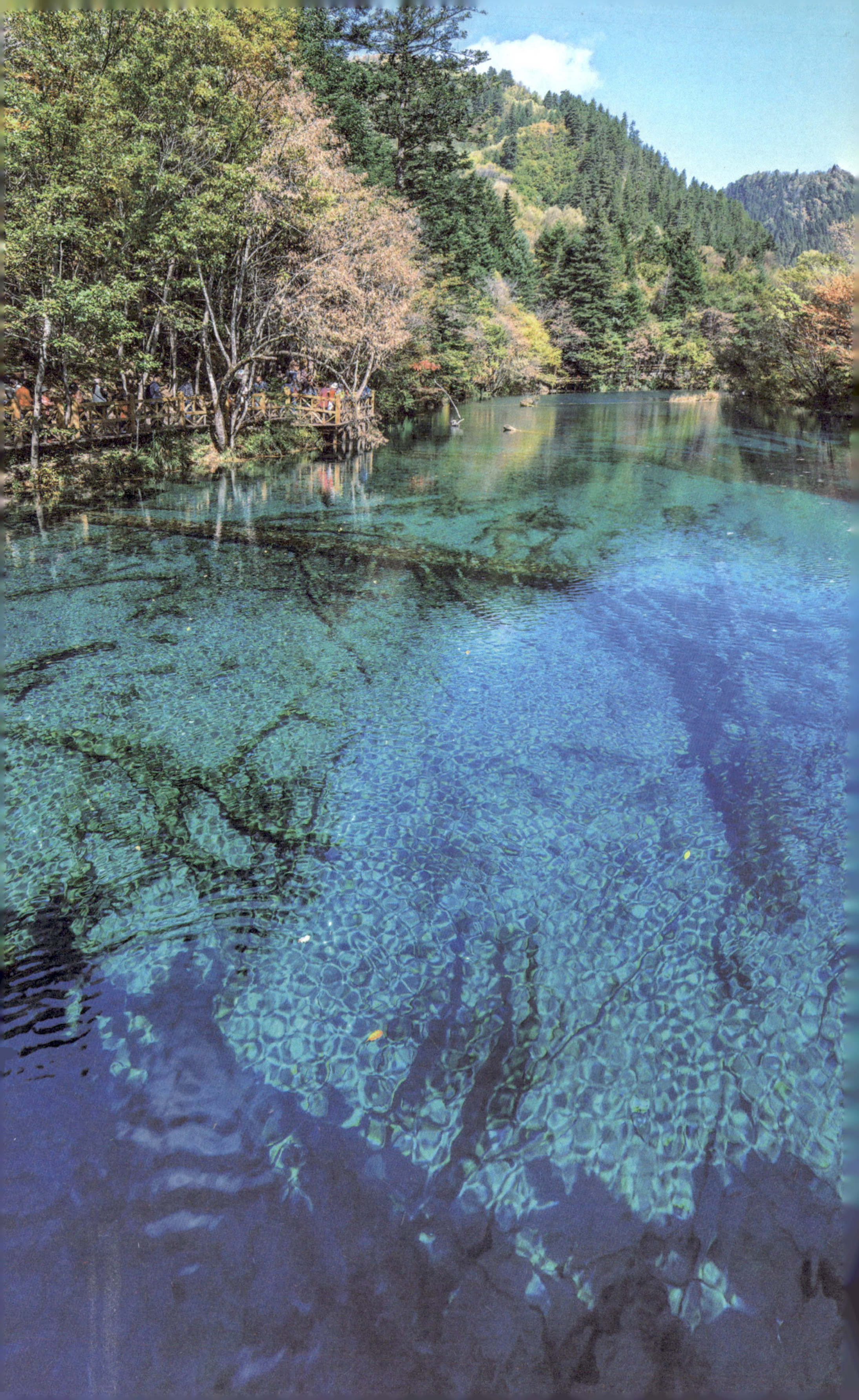

第4章
九黄环线

汶川
北川
九曲黄河第一湾
郎木寺
黄龙
九寨沟

四川深度游
Follow Me
慢旅行的倡导者

汶川
重生之美

微印象 @鼻鼻 这里不仅山水秀丽，而且历史文化底蕴深厚，民族文化异彩纷呈，生态、地质文化博大精深。自然风光与浓厚的乡土风情、民族文化、人文景观及田园风情交相辉映，独具魅力。

门票和开放时间
门票：梦幻三江景区50元，天地映秀景区免费，水磨古镇免费。
开放时间：梦幻三江景区8:00~18:00，天地映秀景区、水磨古镇全天开放。

进入景区交通
位置：阿坝藏族羌族自治州汶川县映秀镇、三江乡、水磨镇等处。
交通：可在长途汽车站乘车至汶川各个乡镇下车，三江景区在汶川县漩口镇下，水磨古镇需要先到都江堰。

景点星级
人文★★★★　美丽★★★　特色★★★　休闲★★★　浪漫★★　刺激★★

九黄环线

阿坝汶川特别旅游区以"世界汶川·水墨桃源"为定位，是2008年5月12日汶川大地震重建后特别开发的纪念性和文化主题景区。

汶川特别旅游区是由梦幻三江、天地映秀、水磨古镇组成的。三江以三江生态区为主要游览内容，瀑布、古道、桥梁构成一派原始好风光。映秀作为大地震时的重灾区，如今保留了震源点、漩口中学遗址等地震原景，新建的有青少年活动中心、学术交流中心、震中纪念馆等参观景点。堪称"长寿之乡"的水磨古镇分为禅寿老街、寿西湖、羌城三大区，主要有春风阁、万年台、字库塔、羌碉等建筑，展现了多文化融合的独特魅力。

1 天地映秀

在茶马古道兴盛时期，一队马帮拖着货物从成都出发，经过都江堰龙池镇，翻越娘子岭，一幅景致秀美的山水画映入赶马人的眼帘；越往高海拔的地区行进，景色越秀美。于是就诞生了一个诗意的名字——映秀，并沿用至今。这里三山竞秀、二水争流；植被丰富，景色秀美，交通便利，商贸发达。地震摧残不了人们坚强勇敢的心，如今的汶川已然成为大爱之乡，重生之地；不屈羌山，美丽依然。

链接　漩口中学遗址

漩口中学在5·12汶川特大地震中严重受损，震后，漩口中学的废墟被作为遗址完好地保留了下来，是5·12汶川特大地震中唯一得到较为完整保存的大型遗址，也是2009年5·12汶川特大地震周年祭奠仪式会场。在中学正中是5·12汶川特大地震记事钟，是用来祭奠在地震中逝去的师生们。

在春天坪俯瞰映秀镇，漩口中学地震遗址尽收眼底；如今作为地震遗址和地震纪念体系的一部分，这个地方被保存下来，成为"三基地一窗口"建设示范点，供来者瞻仰、参观。

攻略

映秀地区的藏羌文化非常著名，藏羌编织、挑花刺绣、藏香、藏族石刻、觉囊唐卡、藏医药、藏茶、藏族祥巴都是珍贵的非物质文化遗产。

2 水磨古镇

水磨古镇位于汶川县南部的岷江支流寿溪河畔，早在商代就享有"长寿之乡"的美誉，时称老人村，后更名为水磨至今。

水磨镇既是汉族和少数民族的交融区，在灾后重建中赋予其厚重的南粤新元素，内地风情和藏羌文化交相辉映，西蜀人文和禅佛文化联袂绽放。5·12大地震后，水磨古镇重建的"禅寿老街、寿西湖、羌城"三大区，古今历史文化交汇、川广发展理念结合、藏羌人文风情荟萃，俨然一幅"高山峡谷、湖光山色、古街林立、风情四溢"的"水墨画"，被誉为汶川大地震灾后重建第一镇。

129

Follow Me 四川深度游

汶川特别旅游区示意图

至汶川
国际学术交流中心
震中纪念馆
游客中心
张家坪
漩口中学遗址
车圈沟震源点
5.12 映秀
天地映秀 ①
响黄沟
圣音寺
至成都
漩口镇
瓦窑
水田坪
集中
盘龙山
赵家坪
猴儿山
鸡心包
白果坪
游客服务点
百鸟山庄
幸福十八弯
茂县馆
鄂家坝
马尔康馆
禅寿老街
水车广场
春风阁
西羌汇
游客中心
水磨古镇 ②
游客中心
白石村

攻　略

住宿　驴友力荐的住宿地

水磨古镇：水磨古镇景区住宿较为集中，羌城分布多，但规模极小，多为灾后重建民居房，普遍为无牌家庭旅店，因多数仅两三间客房制约了其发展。老街仅有少部分规模接待。而羌城和老街外则为规模接待。由于是灾后重建，因而在客房上表现良好，大部分客栈设施齐备，入住舒适。

映秀震中纪念馆

北川
川西民俗风情地

微印象

@不爱喵的猫 这里是全国唯一的羌族自治县，可以体验原始羌族文化，一路收获不少。

@地球人 这里拥有全世界保存最大的地震遗址；规模最大的地震灾难遗址纪念馆，可在5·12汶川特大地震纪念馆科普体验馆亲身体验地震感受。

门票

地震遗址纪念地免费；羌族民俗博物馆免费；吉娜羌寨免费。

羌城旅游区往返观光车票47元，行程包含：游客中心—老县城地震遗址（免费参观）—5·12汶川地震纪念馆（免费参观）—5·12汶川地震科普体验馆（另行付费）—吉娜羌寨（免费参观）—商业步行街（免费参观）—游客中心。

景点星级

人文★★★★　特色★★★★　休闲★★★★　美丽★★★　浪漫★★　刺激★★

九黄环线

北川羌城旅游区位于北川羌族自治县境内，由北川新县城、地震遗址纪念地、大爱文化旅游景点、禹羌文化旅游景点组成，是四川省第7个国家5A级旅游景区，集祭奠缅怀、大爱文化、禹羌文化、感恩文化、自然生态、川西民俗风情于一体。大禹文化源远流长、西羌风情浓郁古朴；回顾患难历程，见证重建成果；传承伟大的抗震救灾和灾后重建精神。

1 北川新县城

北川新县城位于安昌镇以东约2千米处，距离老县城23千米。新县城所在地取名初定为永昌镇，寓意着北川新县城、北川和全国一样，永远繁荣昌盛。

新县城以巴拿恰羌族商业一条街最为著名，巴拿恰羌语意为市场。街区位于文化中心轴上，是北川新县城十大标志性建筑之一。巴拿恰全长582米，宽130米，由27栋单体建筑、7座碉楼和1个大型广场构成。商业街内以羌文化为背景，以民俗手工展示为特色，集观光、购物、休闲娱乐、餐饮、游戏等多种功能于一体，是游客们最应该前往的风情街。

解说

羌族建筑以碉楼、石砌房、索桥、栈道和水利筑堰等最为著名，羌语称碉楼为"邓笼"，早在两千年前就有记载。唐朝后，羌族人民因各种原因向西北迁移到了西藏和青海，所以现在羌族碉楼也被称为藏族碉楼。碉楼高度通常在10至30米之间，用以御敌和贮存粮食柴草，有四角、六角、八角几种形式，甚者高达十三四层。

链接 抗震纪念园

抗震纪念园位于巴拿恰东侧，以纪念抗震救灾和灾后恢复重建为主题，主要包括静思园和抗震救灾纪念馆两大部分，共占地5.11公顷。纪念园为一个开放区域，中心有水滴广场、感恩桥和纪念碑。纪念雕塑高25米，刻有人物浮雕和"任何困难都难不倒英雄的中国人民"金色大字，象征着广大灾区人民和援建者战胜灾难，重建家园。

Follow Me 四川深度游

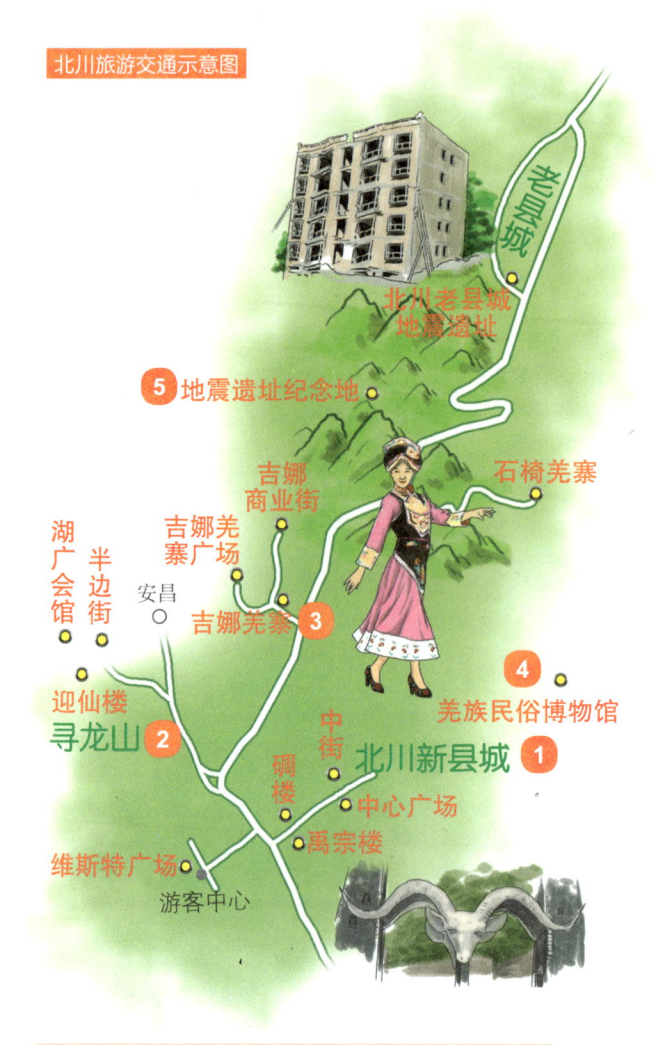

北川旅游交通示意图

② 寻龙山

寻龙山景区位于北川震后新县城西北1.5千米处，是集古镇、溶洞、石林等观光景点和餐饮、住宿、温泉、会议、娱乐等项目于一体的复合型旅游区。现归北川羌族自治县管辖，是到北川地震遗址的必经之地。

景区内有奇特的喀斯特地貌和砾石岩群，集奇秀的自然风光和蜀汉人文风情于一体而扬名巴蜀。景区现由卧龙洞、龙隐镇、沙汀墓、龙鳞坡石林、聚龙广场、五彩池药浴温泉、卧龙居太空浴、卧龙居温泉别墅等几大景点构成。

③ 吉娜羌寨

吉娜羌寨，原名猫儿石村，新羌寨起名"吉娜"，是羌族传说中最美丽女神的名字，寓意为"最美好""最极品"。

吉娜羌寨也是地震后最早建成的羌族寨子。吉娜羌寨被称为"北川第一村"。地震后重新修建的院落，仍然给人一种古色古香的感觉，幽邃伟岸的碉楼傲然挺立，碉楼外墙淡雅素洁，房顶上白石兀立，插着各式羌字旗。家家户户大门上方披着羌红，挂着羊头骨。篝火广场上，用青石垒砌的两座10多层的灰白色碉楼，成了苍山绿水间一道美丽夺目的风景。

④ 羌族民俗博物馆

北川羌族民俗博物馆坐落于北川新县城中轴线上，该馆由澳门基金会投资援建，按国家二级博物馆标准设计建设，民族特色鲜明，风格独特。馆内展览以实物形态和大型场景复原相结合，并以声、光、电等现代科技手段，充分展示不同时代、地域、民俗特色，重点突出羌族民俗文化特点。该馆是集收藏、保护、展示和研究于一体的综合服务平台，是继承和弘扬古羌民俗文化的重要窗口。

134

九黄环线

攻略

北川羌族民俗博物馆分为三大板块，即"历史篇""社会篇"和"文化篇"。

"历史篇"向我们讲述了羌族宏大的历史背景，并让人们明白：羌族是一个不断为中华大家庭输送血液的伟大民族。该板块以雕塑、壁画、多媒体沙盘、图片、文字等多种形式反映"炎帝始祖""大禹治水""羌人南迁""羌戈大战""红军过北川"等羌族历史细节。

"社会篇"，该板块系统地阐述了羌族的社会生产、社会关系、衣食住行、婚丧嫁娶和宗教信仰，向观众全景展现了羌族的社会形态。

"文化篇"，除了展示羌绣、羌笛、口弦、羌族歌舞、民俗活动、民间工艺等非物质文化遗产内容外，还有一个特别吸引人的环节——声控羌语学习区。

⑤ 地震遗址纪念地

地震遗址纪念地由北川老县城地震遗址、5·12汶川特大地震纪念馆两部分组成。

北川老县城地震遗址：2008年5月12日14时28分发生的8.0级特大地震，北川县城受灾惨烈，顷刻变为废墟，地震后按照国务院原总理温家宝的指示精神，对震后的北川老县城采取一系列保护措施，并在任家坪开工建设地震纪念馆，使其成为世界首座以整体保存地震、洪涝灾难原貌，集见证、展示、纪念、警示、科普、科研等功能于一体的社会文化、科学理论、自然遗产保护展示平台。

5·12汶川特大地震纪念馆：其按照"自然、简朴、生态、科学"八字方针，由上海同济大学建筑设计研究院设计。整个建筑造型以大地景观的手法，通过地面切割、抬起，形成主要的建筑体量，并通过下沉广场和步道向外延伸，与平缓的草坡融为一体，局部翘起露出地面，寓意新生和希望。

攻略

行程推荐 智慧旅游赛导游

震撼心灵之旅：游客从羌城旅游区游客中心出发，到老县城地震遗址，献上一束饱含思念的鲜花，聆听一场生动的讲解，感悟生命，敬畏自然；登上地震纪念馆景观平台，远眺纪念馆"裂缝"震撼效果；走进地震纪念馆，铭记灾难，见证奇迹。在地震科普体验馆4D应急避险影院、穿越断裂带影院享受视觉体验；来到地震纪念馆宣传教育中心，学习防灾减灾知识。

禹羌风情之旅：从羌城旅游区游客中心出发，到被誉为"新北川第一寨"的吉娜羌寨吃羌家大餐，体验羌人独特的生活习俗；到新县城的羌族民俗博物馆，仿佛带你回到了那久远的古羌时代；到被誉为"四川省最美十大商业步行街"的新县城巴拿恰，可以尽情享受购物的乐趣，观看羌族民俗文化展演；到北川影剧院观看川西北独有的大型情景歌舞剧《禹羌部落》，感受无穷尽的视觉盛宴；在清凉的夜里，伴着熊熊的篝火，跳起羌族的莎郎舞蹈。

135

九曲黄河第一湾
宇宙中的庄严幻影

微印象

@辣辣辣妈 非常漂亮的第一湾，天空非常蓝，绿绿的草，映得河水也是绿绿的。晚上可以住在当地人的帐篷里，感受当地的生活习惯。

@竹林听雨 黄河第一湾地势非常平坦，水流很是舒缓。登高望去，黄河仿佛从天边曲曲绕绕一路走来，没有气势磅礴，没有浊浪滔天，有的只是那温柔的缠缠绵绵。

@TONIGHT 当黄河九曲第一湾迎来早上的第一道晨光，掀开它神秘的面纱，渐渐清晰地呈现出它柔美的容貌，其壮观景致使人顿生膜拜之感！

门票和开放时间
门票：九曲第一湾60元；观光扶梯60元；九曲第一湾+观光扶梯105元。
开放时间：6:30~20:00。

最佳旅游时间
每年的7、8月正是去九曲黄河第一湾的好时机，此时温度适宜，景色正好，水草丰美。

进入景区交通
位置：阿坝藏族羌族自治州北部若尔盖县唐克乡境内。
交通：
1.班车+徒步：可在红原乘坐到若尔盖的班车，在唐克乡下车，然后再徒步7~8千米即到。
2.包车：去九曲黄河第一湾的交通不太方便，可选择包车前往。从若尔盖包车前往车费往返150~200元，从红原包车单程250元左右。

景点星级
美丽★★★★　浪漫★★★★　休闲★★★★　刺激★★★　特色★★★　人文★★★

九曲黄河第一湾所在的若尔盖草原是四川省最大的草原，面积近3万平方千米，由草甸草原和沼泽组成。草原地势平坦，一望无际，人烟稀少。夏季是草原的黄金季节，天地之间，绿草茵茵，繁花似锦，芳香幽幽，一望无涯。草地中星罗棋布地点缀着无数小湖泊，湖水碧蓝，小河如藤蔓把大大小小的湖泊串联起来，河水清澈见底，游鱼可数。

攻略

1. 草地游览内容非常丰富，可赏草地风光，听牧歌悠扬，可垂钓黄河鱼野炊，可骑马驰骋草原，可观梅花鹿牧场，可去黄河九曲第一湾览胜，可住帐篷宾馆，可去森林采撷野菇，也可去寺庙参观朝拜。
2. 全国三大名马之一的河曲马就出产在九曲黄河第一湾丰茂的草原上。在这里，游人可以骑上这著名的河曲神驹，信马由缰，感受草原牧民的生活。

在唐克镇边小亭购票，车行不远，草场开阔起来，河道弯曲。到一山丘下，就是景区了。九曲黄河第一湾是黄河唯一流经四川的地方。传说黄河特意拐来四川是为了迎娶白河（黄河支流）姑娘，然后携妻掉头回甘肃青海去了。其河面宽而蜿蜒，曲折河水分割出无数河洲、小岛，水鸟翔集、渔舟横渡，被中外科学家誉为"宇宙中的庄严幻影"。

九曲黄河第一湾地势平坦，清澈的河流水势平缓，蓝天白云，绿草繁花，帐篷炊烟，牛羊骏马，盘旋的雄鹰，如诗如画，气象万千。

山坡向阳处，有一寺庙，围绕其间的是大片的村落，新旧建筑参差其中。寺庙叫索克藏寺，为

小贴士

欣赏黄河九曲第一湾最好是在夕阳西下的时候，登上路边的高坡，向远方望去，S形的黄河在夕阳下就像一条血红的彩带，色彩浓重，与满天的红霞相互映衬，美丽至极。

Follow Me 四川深度游

一白塔古寺，帐篷炊烟相伴黄河，更显自然悠远博大。寺前侧有一山丘，依山建木栈道，登丘顶可远眺，但见白河逶迤直达天际，黄河蜿蜒折北而逝，草连水，水连天，苍苍茫茫，两条河流优雅别致，像一对情侣，携手走向西北天边，令人胸襟为之开阔。落日时分，这里又有"落霞与孤鹜齐飞，秋水共长天一色"之神韵。簇簇帐篷、缕缕炊烟、牧歌声声、骏马驰骋，如诗如画，美不胜收。古寺白塔，相伴黄河，更显自然之悠远博大。

攻略

1. 索克藏寺背后的山坡是观看日出、日落以及第一湾的最佳位置，骑马来回大约1小时。
2. 九曲黄河第一湾边上还有一个藏族村寨，可拍摄藏族民俗风情，河岸边还竖有成片的经幡，给美丽的九曲黄河第一湾增添了几分神秘的气氛。

九曲黄河第一湾示意图

- 黄河湿地
- 黄河第一湾大酒店
- 法螺观景台
- 观景台
- 湿地科普长廊
- 九曲黄河观景长廊
- 索克藏寺
- 九曲黄河第一湾
- 黄河楼
- 藏哇村
- 生态文化中心
- 自驾服务中心
- 甲木坎古城遗址
- 俄果村
- 逻花村
- 格萨尔王部落
- 安多藏族风情
- 观鸟点
- 白河风光
- 常藏服务点
- 黑颈鹤栖息地
- 风情牧场
- 游客中心
- 客运中心
- 汾甲村
- 唐克镇
- 嘎尔玛村
- 河曲马广场

点赞

👍 **@jessica** 九曲黄河第一湾宛如银色缎带，阳光下波鳞片片，极目远眺，其壮观景致令使人顿生膜拜之感，站在这里你会对人和自然有新的感悟。

👍 **@lucky娜娜** 这真是一个美丽的地方，草原上花开朵朵，似繁星点点，似碎花布匹，躺在上面仰望蓝天，仿佛置身于梦境！

九黄环线

① 索克藏寺

索克藏寺面向黄河九曲第一湾，是藏传佛教中著名的寺院。宏伟的建筑依山而建，还有大片的僧侣的居室建在山坡的下方，显得整片建筑错落有致。这座藏传佛教格鲁派寺院依山而建，寺内供奉的一尊宗喀巴大师的金身佛像巨大壮观，还有宗喀巴大师的真身头骨舍利16颗，是格鲁派的圣地。

经堂、僧舍、转经廊错落有致，远望更像一个宁静的村庄，在夕阳的照耀下显得金碧辉煌。寺前有一山丘，登上丘顶远眺，但见白河逶迤直达天际，黄河蜿蜒折北而逝，两条河流优雅别致，像一对情侣，携手走向西北天边。

② 观景台

景区内有个九曲黄河第一湾大酒店，这里可以直接上观景台，可以走栈道也可以乘电梯上去。来这里看日出日落是最合适的，早上，太阳从观景台后面的经幡塔和经幡阵间隙处冉冉升起，在蹦出地平线的瞬间，顿时给大地披上了金色。木栈道的不远处有座白塔矗立，虔诚的藏民在那里转经祷告。登高远眺，但见白河逶迤直达天际，黄河蜿蜒折北而逝，两条河流优雅别致，像一对情侣，携手走向西北天边。

周边景点

月亮湾：红原草原的美在月亮湾展示得淋漓尽致。在一片开阔的草地上，白河呈"S"形蜿蜒流过，如同天上的一弯新月，故而得名"月亮湾"。日出日落之时月亮湾水天一色的美景让人沉醉。黄昏时，近处绿草茵茵，远处山峦叠黛，夕阳染红了天空，也染红了弯弯的河流。伫立在河边的马匹悠闲地吃着青草，摆着尾巴，使草原更显得格外静谧。

花湖：若尔盖花湖因湖中盛开的一种白色小花而得名，湖面辽阔，水下是深不可测的沼泽地，在阳光的照耀下，水面反射出不同的光彩，摄人心魄。湖边是大片茂密的芦苇丛，随微风拂动，越发映衬出湖面的宁静与沧桑。

湖边建有木质栈桥，一直延伸到水中，花湖是众多野生飞禽的主要栖息地，湖面上游弋着黄鸭、斑头雁、天鹅、黑颈鹤等珍稀动物。坐在湖边或者栈道上的亭子里，常有黑颈鹤从湖面上掠过。沿着栈道走一走足矣，呼吸着新鲜空气，看满眼的碧绿，心情也变得轻松。

攻略

1. 摄影：清晨的月亮湾景色最美，夏秋季应在6:00~6:30之前赶到拍摄地点，等待草原上的第一道晨光。
2. 娱乐：不仅可以欣赏美景，月亮湾还有很多娱乐项目，可以骑马、滑溜索等。
3. 购物：红原草原地山林广产贝母、甘松、大黄、秦艽、羌活、木香、虫草等500余种中药材和牛黄、鹿茸、麝香等名贵药产品，可以给家人朋友带些补品药材，还可以带些藏族和羌族的特色工艺品。

Follow Me 四川深度游

故事 月亮湾和白河的传说

在很久很久以前，大鹏、凤凰和白龙十分要好，他们游历山川大地，自由遨游天宇。当他们来到哈拉玛大草原时，被这里优美的风光所吸引，流连忘返。随着时间的消逝，大鹏、凤凰化为月亮湾的山川，白龙化为白河，留在这人间仙境，自此永不分离。

攻略

花湖最漂亮的季节是夏天，这时候阳光充足，湖畔是五彩缤纷的颜色。广阔的热尔草原一片碧绿，蓝色的花湖被一片绿色包围，有绚丽的花朵自水中升起，渐渐地铺满整个湖面。这是湖中水草的花，每到夏初就盛开，细看平淡无奇的小花，纷纷杂杂地聚在一起，宛如水妖一样的绚丽娇艳。

去花湖，看的就是这湖中的五彩缤纷。高原海子的身份对于花湖来说并不稀奇，毕竟热尔大坝草原上的海子很多，仅是相邻着花湖的就有两个，最小的叫错尔干，最大的叫作错热哈。

在雨水充沛的8月，纯蓝的湖水会变成淡淡的藕色，时深时浅，像少女思春时低头的一抹酡红。水中有专为游人搭建的木质栈桥，走在其中，感觉十分别致。运气好还能看到在此栖息的黑天鹅和丹顶鹤。

攻 略

住宿 驴友力荐的住宿地

看黄河第一湾一般都是在河边露营或者在索克藏寺住宿，以便第二天一早看日出时的第一湾。此外，还可以前往唐克乡住宿，唐克乡住宿大多为家庭旅馆，多集中在主街的两旁，条件一般。

唐克乡美食主要有手抓羊肉、藏香猪肉、人参果、奶饼、酥油茶、牦牛肉、烤全羊、和尚包子、黄河鱼、酸奶等，一般在当地的藏家乐就可以品尝到。

郎木寺
东方的"小瑞士"

微印象

@旁观者清 晨沐中，群山簇拥下的郎木寺坐落在山谷之中，恬静中含着些许庄严，寺庙掩映在苍松翠柏之中，若隐若现，绿色草地地毯般地铺陈四周，给小镇更添几分活力，此时郎木寺的魅力才隐约展现。

@我爱travel 小镇上到处都是国内外背包客，这里静谧、纯朴、随意，像是一个从未被开发过的原始生态地。

门票和开放时间
门票：赛赤寺30元，格尔底寺30元（含纳摩大峡谷）。
开放时间：赛赤寺8:00~17:00；格尔底寺8:00~17:00。

最佳旅游时间
郎木寺的最佳旅游时间为6~8月，这时的郎木寺漫山遍野都是格桑花，绿绿的草，牦牛、羊成群，衬托着蔚蓝的天空，美不胜收。

郎木寺的冬天也非常迷人，10月份后游人非常少，特别清净。藏历正月十五日是酥油灯节，这时游人络绎不绝，整个小镇顿时变得热闹非凡。

进入景区交通
位置：阿坝藏族羌族自治州若尔盖县红星镇回民村，河对面属于甘肃省碌曲县郎木寺镇。
交通：若尔盖客运中心有班车到郎木寺，7:10，票价27元；14:30，票价25元。行程大约两小时，途经花湖。

景点星级
美丽★★★★　特色★★★★　人文★★★★　休闲★★★　浪漫★★★　刺激★★

Follow Me 四川深度游

郎木寺，位于甘肃甘南州碌曲县和四川阿坝州若尔盖县交界处。一条小溪从镇中流过，小溪虽然宽不足2米，却有一个很气派的名字"白龙江"，按藏文意译作"白水河"。

一条小溪分界又连接了两个省份，融合了藏、回两个和平共处的民族，喇嘛寺院、清真寺各据一方地存在着，佛寺和清真寺的塔尖互相映照，构成和谐的图景。晒大佛，做礼拜，小溪两边的人们各自用不同的方式传达着对信仰的执着。

链接

1.郎木寺最热闹的是正月，届时将举行传昭法会。寺院的喇嘛纷纷戴上面具跳神、演藏戏，还要举行盛大的展佛活动。

2.郎木寺的主要宾馆、餐馆、商店等服务设施都集中在一条主街上。镇上没有网吧，旅朋青年旅馆的餐厅可上网。

3.小镇上有很多卖纪念品的店，有卖银器、绿松石、羊头、牛头、披肩的。购买时注意砍价，各个小店的东西都大同小异，挑到合眼缘的东西，觉得价格适中，就可以出手了。

链接　赛赤寺名字由来

赛赤寺全名达仓郎木赛赤寺，藏语意为虎穴仙女，俗称郎木寺院。赛赤寺在甘肃省这边，规模宏大。据记载，纳摩大峡谷内有一石洞，洞中站立了一尊如人形的钟乳石，婀娜多姿，其名由此得来。相传，莲花生大师来此降妖驯服猛虎，教化其佛法，使猛虎化为善良的仙女。至今虎穴依旧，洞中的人形石上搭满藏民送上的各色哈达，恰如仙女身着衣裙翩翩起舞。

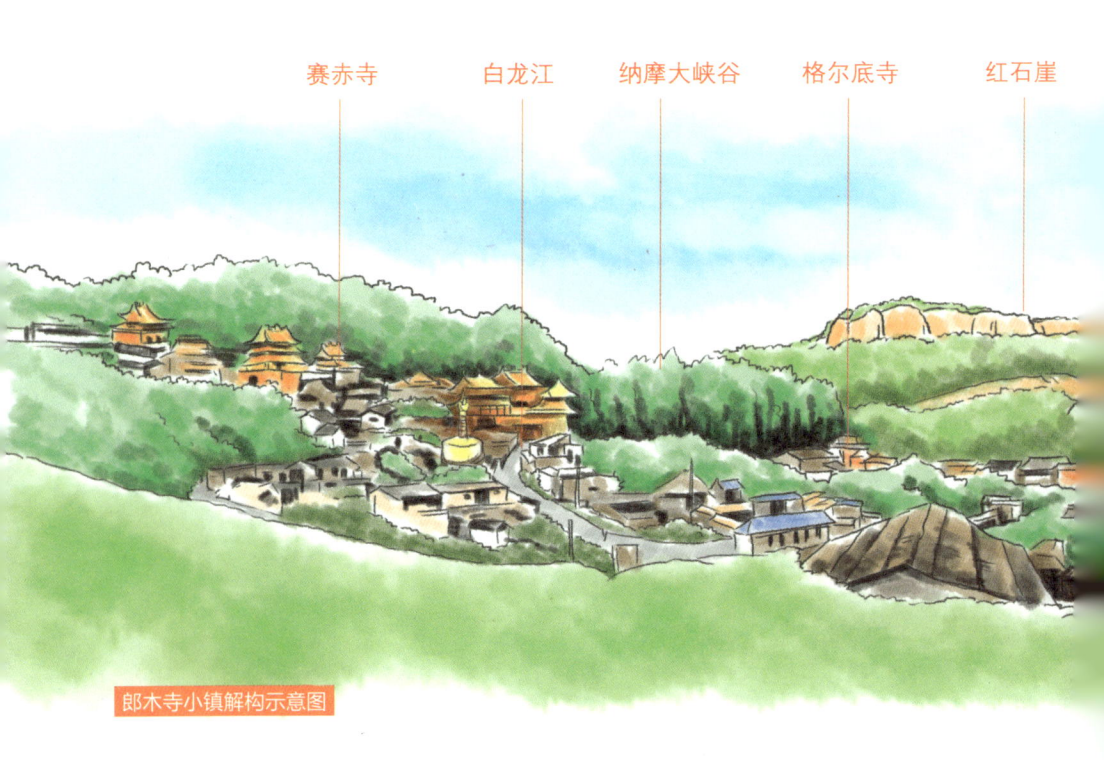

赛赤寺　白龙江　纳摩大峡谷　格尔底寺　红石崖

郎木寺小镇解构示意图

九黄环线

❶ 格尔底寺

格尔底寺全称为"达仓纳摩格尔底寺院",在郎木寺镇的四川这一边,是阿坝地区规模最大、最具影响力的格鲁派寺院之一,辖有18座分寺,内存五世格尔底活佛的肉身灵塔。

进格尔底寺,可以见到雄伟瑰丽的4个大殿,闻思院(也是主殿,即大雄宝殿所在)、医学院、时轮殿和护法殿,木瓦木楼的僧舍建于其中,随山势层层叠叠,喇嘛们的红僧衣时隐时现。大雄宝殿旁是最负盛名的肉身舍利塔,这里供奉着五世格尔底活佛的法体,这是全藏区历史最长、保存最完好的肉身法体。

格尔底寺的入口处旁边有一座清真寺,大门色彩明艳,高塔重檐绿瓦,虽与旁边的佛教经堂距离非常接近,却风格截然不同,反差巨大,相映成趣。

攻略

1. 售票处设在去往纳摩大峡谷的路上,游览大峡谷也包括在门票之内,去往纳摩大峡谷的路上会经过仙女洞、白龙江源头等,很适合当天往返的短途徒步行。

2. 寺后面的山中有个仙女洞,因洞中有石岩酷似亭亭玉女而得名,可以前去游览一下。

3. 郎木寺的冬日是摄影创作的黄金季节,格尔底寺的寺区外有一条小河,是摄影家们拍摄的主要景点之一。小河散发着水蒸气,当地的藏族同胞三五一伙,早晨在那里洗浴、饮水、挑水,如生活在世外桃源。这种景观只有在冬季才会出现。为了突出其光影效果,最好是在太阳出来的时候,逆光拍摄比较好。

点赞

👍 @朗姆人生 跨过一条小溪,到了四川境内的格尔底寺,景色马上清丽很多。据说寺里有许多稀世珍宝,如有兴趣一定要好好瞻仰瞻仰!

👍 @小师弟 格尔底寺虽不如郎木寺出名,但佛教气氛也很浓厚,非常安静,走在里面能让人静下心来!

藏式民居

Follow Me 四川深度游

❷ 郎木寺峡谷

进谷口后，会看到威猛的老虎石像，右面悬崖下有一洞穴，扁平低矮，洞口插满了经幡，这就是传说的仙女洞。洞内有一钟乳石耸立，仿如青春可人的少女，这就是传说中的仙女。

出洞后继续往前行，经过眼药泉、龙虎穴，到达白龙江的源头。跨过源头后再往里走，悬崖峭壁，石峰形态各异，在湛蓝的天空下，显得无比壮丽，两边花草茂密，入谷越深，越是静谧。

攻略

1. 峡谷全长约5千米，徒步往返需要2个多小时。山的石壁上刻着六字真言，还有两尊藏传佛教的佛像，据说是多年前自己显现出来的。路上不时还会见到朝拜的藏民。
2. 仙女洞旁边岩壁上有凸出的奇石，已经被磨得光洁润滑，据说能消除胃病患者的疾病。
3. 白龙江源头的水清澈甘甜，富含矿物质，藏民经过此地，都会双手捧起水喝一口。

攻 略

景区交通 多种方式自由行

骑马是郎木寺的热门出游方式，郎木寺格桑马队位于三岔路口附近，骑马游项目主要有：白龙江源头一日游和红石崖环线一日游；体验牧民生活+花海穿越二日游；另外还有夏季和秋季的穿越花海及登顶华盖神山三日游、四日游。

郎木寺展佛

Follow Me 四川深度游

住宿 驴友力荐的住宿地

若想深刻感受郎木寺，当晚可以住在这里，住宿的地方较多并且集中在一条十字路上，宾馆的价格通常比较便宜，有萨娜宾馆、郎木寺大酒店、永忠宾馆、旅朋青年旅舍等。

旅朋青年旅馆：位于郎木寺的主街上，两层的藏式木楼特别显眼。晚上，旅馆的大厅会变成热闹的酒吧。

永忠宾馆：位于镇上的四川省农村信用社旁边。宾馆是一幢简单的4层白色楼房，宾馆的主人是一家热情友好的当地回族人。宾馆1楼是自家的商店，卖些日杂、零食之类的；2楼、3楼有8间干净明亮的房间（4间大床房，4间标准间）。

萨娜宾馆：宾馆离旅朋青年旅馆不远，老板是回族人，宾馆内有公共热水可供洗澡。

美食 饕餮一族新发现

郎木寺乡内的丽莎餐厅是当地非常知名的餐厅，下午有苹果派和巧克力蛋糕等供应，不可错过。

阿里餐厅：是位于临近四川郎木寺售票口的一间不起眼的小屋，这里也有很多仿西餐和清真炒菜。当地有一些清真烤饼，趁热吃味道不错。

丽莎餐厅：据说是个有故事的餐厅，店内墙上贴满了游客留下的笔记，顶上面挂满了各种旗帜，这里的苹果派很是不错。

达老餐厅：位于旅朋青年旅馆对面。餐厅的石烹羊肉非常出名，石烹羊肉做法特别，在羊肚里面塞着羊肉和石头，利用石头的热度把羊肉包在羊肚里煨熟，味道十分特别。这里的甜茶和酸奶也很不错。

行程推荐 智慧旅游赛导游

如果有两天时间待在郎木寺，可以选择一个骑马或徒步两天的行程。可以住在草原深处的牧民家里，跟着他们一起生活；或者用一天的时间骑马沿着白龙江一直走到源头，到牧民家里尝一尝他们自己制作的新鲜酸奶，第二天参观郎木寺和小镇其他地方。

特别提示

❶ 这里海拔3600多米，上下楼有明显的呼吸急促感，一般人头一天晚上睡觉有一定的头疼，但以后就没事了。

❷ 这里天气明显冷，山上风很大，夏天去的话要带一件外套，早晚很凉。冬天去的话要做好保暖措施，帽子、手套必不可少。

黄龙

圣地仙境　人间瑶池

微印象

@o自由o 黄龙风景绝美，可以说是最亲近大自然的地方，让人的心境非常平和。景区有雪山、瀑布、原始森林、峡谷，光是想象都足以诱人了！

@我的太阳 10月中旬去的黄龙，当时正遇上五彩池处飘起大雪，秋天的落叶浮在水池上，树影倒映在水面上，构成一幅很漂亮的画面！

@陈陈 有着"圣地仙境，人间瑶池"美誉的黄龙真的很美，特别是它的彩池、雪山、峡谷、森林，堪称"四绝"，晴空下的黄龙，特别明媚，而微风细雨中的黄龙，则更有一种虚无缥缈的感觉。

门票和开放时间

门票：旺季200元，淡季60元。
开放时间：8:00~16:30。

最佳旅游时间

每年5~11月为游览黄龙的最佳时间，其中9~10月时秋景最美，此时的黄龙沟内色彩纷呈，美丽无比。冬季景区停止开放。

进入景区交通

位置：阿坝藏族羌族自治州松潘县东北方黄龙乡。
交通：
1. 飞机：九黄机场有直达黄龙的往返客车；
2. 客车：成都茶店子车站有直达黄龙的班车，每天一班，9:25发车，参考票价126元；
3. 包车：从九寨沟或松潘都可以包车前往黄龙，很方便，川主寺也有很多车揽客拼车前往黄龙。

景点星级

美丽★★★★★　浪漫★★★★　特色★★★★　休闲★★★★　刺激★★★　人文★★★

Follow Me 四川深度游

黄龙景区是中国少有的保护完好的高原湿地，享有"人间瑶池"的美誉。景区面积700平方千米，由黄龙沟和牟尼沟两部分组成，黄龙本部主要由黄龙沟、丹云峡、雪宝顶等景区构成，牟尼沟部分主要是扎嘎瀑布和二道海两个景区。这里主要介绍黄龙本部。

黄龙本部除了遍布梯田状排列的碳酸钙沉积，还有雪山、瀑布、原始森林、峡谷等景观，其中彩池、雪山、峡谷、森林被称为黄龙"四绝"。大熊猫和四川疣鼻金丝猴在这里繁衍良好。

浅黄色的钙华地表堆积，形成3000多个五彩池，在阳光照射下如一条金光闪闪的长龙蜿蜒在山谷之中，因而得名黄龙沟。黄龙沟内有迎宾池、飞瀑流辉、洗身洞、盆景池、黄龙寺、石塔镇海、五彩池等景点，其中五彩池是黄龙景区的精华所在。

迎宾池是沟口第一个彩池群落。大小不一、结构精巧的250个钙化池，一环一池，错落分布，环环相接，曲线流畅，池内有池，梯度迭起，毫无人工雕琢的痕迹。

过迎宾池，沿栈道蜿蜒而上，可见数十道梯形瀑布，如珍珠滚落，银光闪烁，这就是"飞瀑流辉"。紧邻"飞瀑流辉"的上端是盆景池，距离沟口虽然只有1000米，海拔却有3300多米。与"飞瀑流辉"的动感不同，广而密布的330个盆景池，水波微澜，灌乔成墩，树影婆娑，造型幽美，其天然自成，简直可与苏州园林的盆景艺术相媲美，它或许是被大自然的神奇功力从江南移到这里的。

过了盆景池是洗身洞，传说人在洞口沐浴能驱邪祛病。离开洗身洞，视野逐渐开朗起来。栈道右侧的沟地上铺满金黄的钙华，向上望去好像一直连着远处的玉翠峰，这是沟里著名的"金沙铺地"。金沙铺地长1800米，是典型的地表露天喀斯特岩溶景观。凸凹不平的钙化奇观，如巨龙身上的片片坚硬的鳞甲，流淌在钙化中央的山泉水滋润得金沙铺地色泽鲜亮。

过了金沙铺地上端的明镜倒影池后，继续前行便来到了争艳池。争艳池有大小钙化池500个，超过迎宾池、盆景池、明镜倒映池的规模。堤坝的边缘内侧钙华，透着一抹淡淡的粉色；边缘的外侧，光滑润泽，或金黄，或乳白，或白地黑色纹理，或多色明暗相间，像舞女漂亮的裙裾铺展在地上。因地质、水质、气候、水中生物作用，池底钙华斑斓，令人赏心悦目。

解说

争艳池的每一池水的颜色都有差异，就是同一池水从不同的角度观看，也会变换出异样的色彩，争妍斗奇。令人更为称奇的是，同一池水竟然能分出粉色、蓝色、橙色的水带，泾渭分明。

九黄环线

过了争艳池，山路明显地逐级抬高，石阶不断，路在树丛中延伸，水景也没了踪影，这里便是黄龙寺了。寺前开阔的草地上游人如织，五彩池就在寺后。登上寺后山坡的观景台俯视下面的五彩池，栈道环池，波光潋滟，大小各异的400多个钙化池，层层叠叠，池外套池，赛翡翠，似玛瑙，更像孔雀开屏一般绚丽，使人恍若亲临瑶台仙境。随着缭绕在半山的云雾忽隐忽现，阳光忽明忽暗，五彩池变幻着异样的色彩。

解说

黄龙寺寺庙匾额有些特别，若从前、右、左下这三个角度看，匾额上的字体凸凹度能显示出不同的字样。

攻略

1.每年农历六月十二至十五是一年一度的黄龙庙会。庙会期间，可以观赏到藏、羌、回、汉各族男女拜祭为民造福的黄龙真人的盛大场面；品尝到酥油糌粑、黄龙豆腐、洋芋糍粑等各种风味小吃；参加到舞龙、舞狮、跳锅庄，对情歌的热闹氛围中。整个庙会期间人潮涌动，寺庙香火鼎盛，还能够购买到各种别致的民族工艺品。

2.黄龙后寺左侧约10米处有个黄龙洞，进洞10米有一游览大厅，每年冬季，洞内冰林、冰笋、冰幔、冰瀑构成一幅冰晶画面，景象绚丽，可驻足欣赏一番。

五彩池是位于黄龙最上端的钙化彩池群，共有693个钙池，宛如五彩珍珠镶嵌在原始森林中，被誉为"人间瑶池"。漫步池边，无数块大小不等、形状各异的彩池宛如盛满了各色颜料的水彩板，艳丽奇绝，仿佛仙人撒落在群山之中的宝石。

黄龙示意图

攻略

1.距五彩池百米处有个转花池，如果向池中投以鲜花、红叶，它们会随着波流有节奏地旋转，仿佛陶醉于山水之间，乐而起舞，可以试试看。

2.五彩池边上有观景台，是拍照的好地方，但这里游人较多，拍摄时要注意人群和安全。

149

Follow Me 四川深度游

周边景点

　　牟尼沟：牟尼沟地处成都至九寨、黄龙旅游主干线必经之地，自然风光独特、民族风情浓郁。景区又可分为扎嘎瀑布和二道海两个景区。扎嘎瀑布为中国最高、最大的钙化瀑布，高低错落，呈阶梯形层层铺开，栈道在森林与瀑布间穿行，两岸重峦叠嶂，主瀑之外还有无数小瀑布散布于奇峰、青松之间，构成一幅水在树中流、树在水中长的奇妙风景。

　　二道海在牟尼沟的末端，和扎嘎瀑布仅一山之隔，尤以高山湖泊著称。沟内古松参天，绿草茵茵，繁花似锦，百鸟栖息，空谷清音。从沟口沿栈道进入，在茂密林木之间，散落着大大小小上千个湖泊，穿行于其间，"三步一湖，五步一水，湖在林中藏，花在湖中开"，景观神奇，如梦如幻。

　　七藏沟：七藏沟一直深藏山中无人知，它位于著名的黄龙景区和九寨沟景区的后山，方圆几十里都是荒芜境地，其间草深木繁，高峰林立，溪水潺潺却渺无人烟。沿着狭长的沟路溯溪而进，在高山环抱下，透着精灵般莹泽光芒的海子，如眼睛镶嵌在重峦叠嶂之中，白云和蓝天的倒影，更使其显得分外美丽。

　　七藏沟由卡卡沟、阿嗡沟、红星沟等组成，翻越长海子和红星海子垭口时，远处的雪山迎面而来，更能让人体会到前所未有的震撼。如果季节合适，沿途还可以找到真正的虫草和松茸。

小贴士

　　游二道海景区要遵循左手原则：进了景区大门后走左边的道路上去，然后到最高处往回走时也要走左边的路下来，这样就不会走重复的道路，且回来时走的路要比上去的路短。游扎嘎瀑布景区的路正好相反，要遵循右手原则，走右边的路上去，回来时还走右边的路下来。

攻略

景区交通 — 多种方式自由行

❶ **索道**：景区内也有索道可以上山，上行费用为80元/人，下行费用为40元/人。下山的时候不建议乘坐索道，其一是不能好好欣赏风景；其二是从五彩池走上去到山顶坐索道有一段路程，比较消耗体力。

❷ **骑马**：游客可骑马穿越牟尼沟，价格包含马、马夫、向导、饮食、扎营和保险的费用。可在松潘古城内租马，推荐骑奇乐马队（地址：松潘古城南街映月巷内）和顺江马队（地址：松潘顺江村，古城北门外）。

住宿 — 驴友力荐的住宿地

黄龙景区内的住宿价格普遍较为昂贵，且宾馆数量较少，如果方便的话，可以住到附近的九寨沟，价格会相对便宜一些，且选择余地较多。也可以住在川主寺或附近县城里。

黄龙龙湖湾酒店：位于黄龙乡大湾村55号，距离黄龙景区入口很近。房间宽敞、舒适、卫生，内有空调、24小时热水、无线网、有线电视。同时备有特色农家饭菜、自助烧烤。

瑟尔嵯国际大酒店：位于松潘县黄龙瑟尔嵯寨，距黄龙索道入口处约100米。酒店既有淳朴浓郁的藏羌文化氛围，又有豪华典雅的现代时尚风格。

美食 — 饕餮一族新发现

黄龙物资多从外面运入，所以价格很贵。在当地可品尝到洋芋糌粑、九寨柿饼、荞面饼、九寨酸菜面等特色食物。藏族特色食品还有烤全羊、酥油茶、青稞酒、奶制品（奶酪、奶渣、奶皮和酸奶）、牦牛肉、虫草鸭等。黄龙的餐馆数量少，如果想有更多的选择，可以去附近的九寨沟县。

行程推荐 — 智慧旅游赛导游

推荐参观路线：松潘古城—红军长城纪念碑—黄龙沟景区—牟尼沟景区—红星岩景区—雪宝顶景区—四沟景区—丹云峡景区—雪山梁景区。

特别提示

❶ 由于景区海拔较高，温度较低，空气稀薄，游览的时候别忘了带上保暖衣物。

❷ 整个游览过程中，海拔会不断上升，要特别注意高原反应，可以自备好药物。景区内也有好几处旅行者吸氧点，氧气免费，吸氧管一元一条。

九寨沟
地球上最美的地方

微印象

@o自由o 九寨沟处处是景，放眼过去真的让人心旷神怡。不管哪个季节去，它都会给人不一样的情怀，从来不让人失望。

@刘备 不得不说九寨沟的风景真的很不错，自然风光完胜国内绝大部分景点。有人说它是童话世界，一点不假，来此处会使人放下嘈杂的心态，回归大自然！

@幸福中的麦兜猪 九寨沟的水，斑斓多彩，柔曼多姿，似有灵性的生物，让人浮想联翩，回味久远。

门票和开放时间
门票：旺季（4月1日至11月15日）门票190元；淡季（11月16日至次年3月31日）门票80元。
开放时间：旺季7:30~17:30；淡季8:30~17:00。14:00停止入园。

最佳旅游时间
九寨沟的最佳旅游时间是每年10月左右，深秋的九寨沟是最美的季节，色彩感每一天都在变化。但是，其他时间前往九寨沟，也都能欣赏到九寨沟不一样的美景，沟内的冬天也是别具一格，但建议在领略过秋日风光之后再去欣赏冬季的风光。

进入景区交通
位置：阿坝藏族羌族自治州九寨沟县漳扎镇。
交通：从成都东站汽车站、新南门汽车站和茶店子汽车站都有到九寨沟的班车。新南门车站可直达九寨沟旅游客运中心。

景点星级
美丽★★★★★　浪漫★★★★★　特色★★★★★　休闲★★★★　人文★★★★　刺激★★★

九寨沟初秋

Follow Me 四川深度游

九寨沟海拔为1900~3100米，因有9个藏族村寨而得名，景区开放区域有扎如沟的扎如寺、树正沟、日则沟、则查洼沟。景区内还有美丽的诺日朗瀑布、双龙海瀑布。其景色可归纳为"翠海、叠瀑、彩林、雪峰、藏情"，被誉为九寨沟"五绝"。

沟内遍布原始森林和大量第四纪古冰川遗迹，还分布108个湖泊。这里的地下水富含大量的碳酸钙质，水面清洁，加之梯形状的湖泊层层过滤，水质更加澄清，能见度高达20米，水下乳白色碳酸钙形成的结晶体历历在目。而四周的雪山、森林倒映在透明的水面，水乳交融，美不胜收，犹如童话世界一般。

扎如寺：是一座具有浓厚藏族寺庙色彩的建筑，也是九寨沟附近最大、最有名气的喇嘛庙。

攻略

1.九寨沟最隆重的节日是农历三月十五的"麻致会"。这天当地的人们会身穿盛装赶赴扎如寺庙会，庙会上有唱歌跳舞、藏戏表演活动，并会一起转山，如赶在这天来九寨沟，可以去参加。

2.九寨沟处处美景，在拍摄时要注意选择，如站在海子边拍摄山林，此时应注意到光影的协调与色彩的平衡。由于光线受到遮挡，有时环境会显得灰暗，此时可用小光圈、慢速快门拍摄。

❶ 则查洼沟

则查洼沟段从诺日朗宾馆开始至长海子，长约17千米，景点集中在沟的尽头，有季节海、五彩池和长海。

长海是九寨沟内最大的海，沿岸山峦叠彩，绿林幽深。五彩池水上半部呈碧蓝色，下半部则呈橙红色，色彩之斑斓，与日则沟的五花海不相上下。季节海的水则随干旱季节而时盈时涸。

攻略

在景点相对集中的路段，比如从火花海到犀牛海、珍珠滩到箭竹海，或者五彩池到长海，可以沿着徒步栈道进行深入一些的徒步，远离主路和环保车站，避开旅行团，潜心体会一下这片美丽的自然。原始森林附近有一长一短两条徒步栈道，建议走40分钟的大环线，特别适宜观鸟。

宝镜岩：是一块巨大的石崖，相传这块石崖是九寨沟的万山之主扎依扎嘎所竖立的一面宝镜，下面镇压着一个残害生灵的魔鬼。

九黄环线

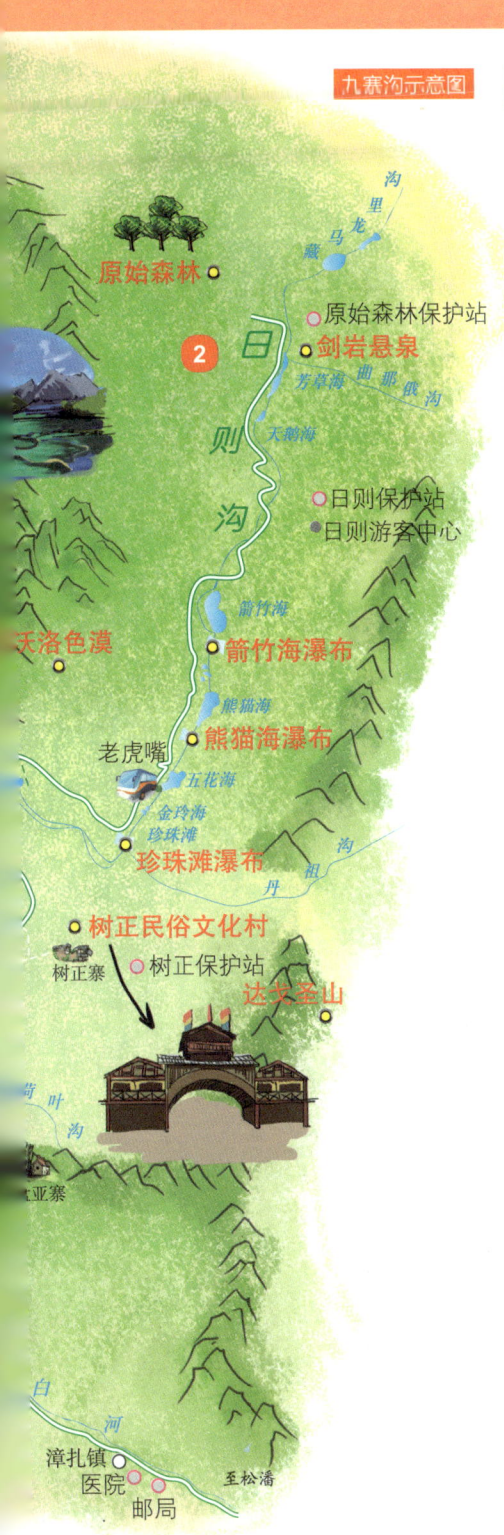

2 日则沟

日则沟区段是从诺日朗瀑布至九寨沟原始森林段，全长9千米。目前仅开放诺日朗至五花海段景点。

镜海就像一面镜子，可以将远山近树、蓝天白云，尽纳海底。平静无风的时候，水面光滑如镜，景物毫不失真地复制到了水面。

诺日朗瀑布是九寨沟的地标景点之一，滔滔水流自诺日朗群海而来，从瀑顶树丛中越堤而下，如银河飞泻，水势浩大，声震山谷。

五花海有着"九寨精华"和"九寨一绝"的美名，站在五花海最高点，即老虎石上俯视，可一览五花海全景。

攻略

熊猫海靠山一侧有一条栈道，风景不错，中途可以找到拍摄熊猫海瀑布的最佳角度。沿着河道左岸北行约100米，越过河道便上到环山公路，这里可俯视五花海；而沿环山公路往东南方向，到了五花海东南侧的最高点，这里有一块巨大的石头，叫作老虎石，站在石上可俯视五花海的全貌。

点赞

👍 @天光云影 日则沟是九寨沟的精华地段，特别是五花海和珍珠滩瀑布，简直就是人间天堂！

👍 @火神家家 沟内的每个海子都美不胜收，特别要说一下天鹅海，有一片片水草，可以感觉到与众不同的美。

3 树正沟

树正沟区段为主沟，主要景点有盆景滩、芦苇海、火花海、树正瀑布、老虎海、犀牛海。树正群海是九寨沟秀丽风景的大门，全长13.8千米，共有各种湖泊（海子）40余个，犹如40多面晶莹的宝镜，水光潋滟，碧波荡漾，鸟雀鸣唱，芦苇摇曳……一路惊奇，一路美景，一路碧水，一路瑶池。

犀牛海是树正沟内最大的海子，是九寨沟内景色变化最多的海子，其倒影似幻似真，与天地、树林连成一体。

155

Follow Me 四川深度游

攻略

景区交通 多种方式自由行

1 观光车：沟内有绿色环保观光车贯穿全沟，车票旺季90元，淡季80元。

2 栈道徒步：除了乘坐环保观光车游九寨沟之外，还可以走栈道徒步游九寨沟。栈道一般从11月初或中旬开始关闭，至次年3~4月开放，但珍珠滩、五彩池、五花海、树正群海附近的栈道仍然可以通行。

3 包车：九寨沟和周边景点之间的交通都不是特别方便，有条件的游客可选择包车或拼车前往。一定要和司机讲好价钱再走。

住宿 驴友力荐的住宿地

九寨沟内不允许住宿，只能在沟外住宿。景区外的旅馆都集中在沟口两侧，向两边延伸到1~22千米的范围。沟口以东往九寨沟方向主要以各种档次的宾馆酒店为主，沟口以西2千米的九龙桥一带是一片更适合背包客住宿的区域，几条小巷子分隔出相对安静的空间。宾馆主要有：九寨童话酒店、云上小筑花园美宿（地址：位于漳扎镇隆康村，近九寨沟风景区正门）、九寨度假村（地址：东距九寨沟景区入口1.5千米）、九寨沟九源酒店（地址：九寨沟漳扎镇火地坝村）、东篱小舍酒店（地址：九寨沟县彭丰村）。

九黄环线

美食 | 饕餮一族新发现

由于物资多从外面运入，所以沟内食物的价格较贵，自己可以多带些食物在路上吃。当地特色餐饮主要为牛羊肉，但藏族和羌族的做法稍有不同：藏族以熏烤肉为主；羌族喜食酸辣口味的肉菜和动物内脏。

可在各个寨子中（主要是树正寨）品尝藏族特色食品，也可在诺日朗游客服务中心的餐厅用自助餐。沟口旁的边边街也有一些饭店，附近的彭丰村餐馆更多，饭价较沟内便宜些。

行程推荐 | 智慧旅游赛导游

摄影路线推荐：

行程一：8:00以前赶到犀牛海或是火花海，观察选点，静候阳光的光临。这也是水鸟最活跃的时候（要用300毫米以上的长镜头才能拍到）；之后去长海，拍完后再步行到五彩池拍摄。午饭后可以在熊猫海一带拍摄，临近黄昏时，如果无风可考虑去镜海。

行程二：搭乘早车赶去天鹅海，拍完之后乘车至箭竹海，边走边拍；熊猫海靠山一侧有一条栈道值得一走。途中在熊猫海瀑布处选好角度，也可以拍到漂亮照片。下午可以去树正群海公路一侧的高坡，或是对面的制高点，俯瞰整个树正群海。

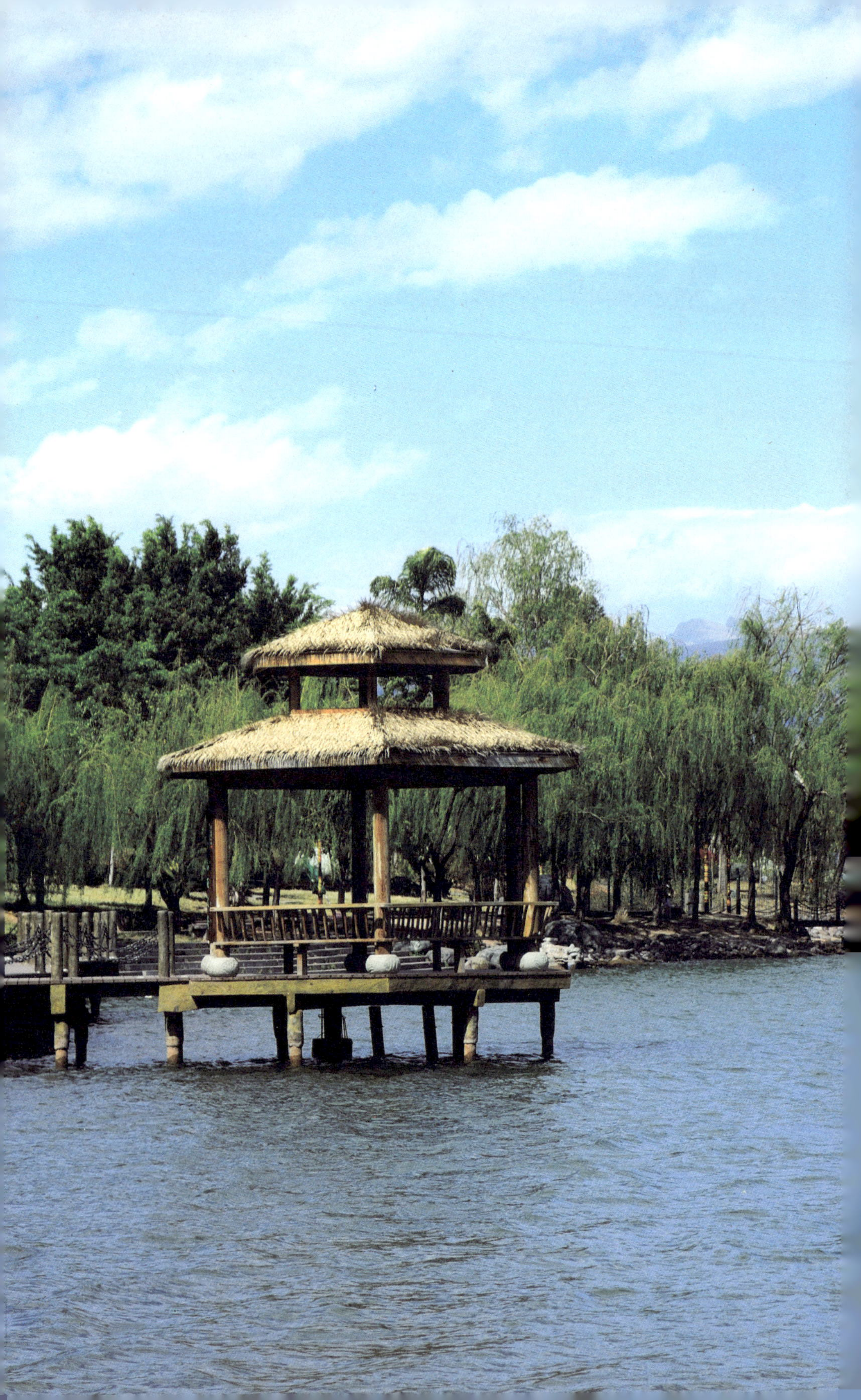

第5章
凉山地区

螺髻山
邛海和泸山
泸沽湖

四川深度游
Follow Me

螺髻山
天然冰川博物馆

微印象

@消失的自由 螺髻山是个美丽的地方，春天的螺髻山满山的杜鹃花，冬天的螺髻山白雪皑皑，一年四季景色各有千秋，值得去观赏。

@伊莉莎白 从索道下来的那一刻感觉真像是来到了仙境，云烟环绕，有登仙之景，山上的景色很美，都是天然无雕琢的。

@jessica 6月份的螺髻山很漂亮，漫山遍野的杜鹃花分布其中，仿如走在花的海洋中！

门票和开放时间
门票：90元（含摆渡车）。
开放时间：8:30~18:00。

最佳旅游时间
螺髻山的最佳出游时间在每年的11月至次年的3月，此时气候温暖少雨，无显著的灾害性天气，适宜出游。每年的4~10月虽然雨水较多，但6月份也是螺髻山最美丽的时候，此时杜鹃花满山怒放，异彩纷呈，此时前往的游客应多关注当地天气状况。

进入景区交通
位置：凉山彝族自治州西昌城南30千米处。
交通：西昌汽车客运中心每天都有多趟前往螺髻山镇的班车，票价35元，小镇就位于山脚下，可由此上山。

景点星级
美丽★★★★　浪漫★★★★　刺激★★★　休闲★★★　人文★★　特色★★

凉山地区

螺髻山地跨西昌市、普格县、德昌县一市两县，南北延绵近百千米。其主峰海拔4359米，形状酷似古代少女青螺形的发髻，故名"螺髻山"。古代螺髻山与峨眉山皆以形取名，以形取胜，被誉为"姊妹山"。

古籍中称螺髻山有72峰、36个天池、18项胜景、25坪、12佛洞，共108景。据卫星遥感资料反映，其景观、景点数远不止于此，且其山脊高出4000米的山峰就有58座迂回缭绕于高山雾海之中，忽隐忽现，如苍龙遨游九天，其峰群之集中，规模之宏大，造型之奇异和离城市之近尚属罕见，其最著名的景观有七十二峰、五彩湖、万亩杜鹃花。

攻略

1.景区有索道可以坐，在门口搭乘观光车就能到坐索道的地方。下山的话建议下午两点半之前就下来，两点半缆车会停运。

2.山上非常冷，最好租件羽绒服穿，以免生病，可在停车场处租借。

3.一定要带够干粮，山上只有一个卖食物补给的地方，但最常卖的还是方便面。

故事　螺髻山传说

螺髻山彝语称"艾鹅安哈波"，传说在2.5亿年前"资木呷托"（全世界）洪荒泛滥，整个地球一片汪洋，所有山脉被洪水沉没，只有螺髻山的山巅上还能站立一只落难的鸭子，鸭子彝语称"艾"，再者螺髻山的山体像一只肥大的鹅，而鹅彝语亦"鹅"，因此当地的彝族称螺髻山为"艾鹅安哈波"。

螺髻山碧水幽谷，烟云缥缈，景观无穷，佛家称为仙境，历史上曾是我国较早的佛家圣地。自汉代开辟，唐代佛事已经盛行（鼎盛时期仅螺髻寺就有僧三千余人），建造了许多庙宇，现遗址尚存。唐末以后由于战乱和其他原因佛事日衰，于是有"隐去螺髻，始现峨眉""螺髻山开，峨眉山闭"之说，佛家称螺髻山为"紫微"。自清初至道咸年间（1821—1861），寺庙又逐渐兴起，据记载，仅螺髻山西麓就有曹洞宗建有的两阁十三寺。

攻略

螺髻山周边地区是我国最大的彝族聚居区，他们的生活带着古朴独特的民族风情和文化，有绚丽多姿的民族服饰，风趣的彝族婚礼，热闹非凡的火把节、达体舞、摔跤、赛马、斗羊，别具风味的彝族食品烤乳猪、砣砣肉、杆杆酒、苦荞馍、酸菜汤，还有建筑独特的彝族村寨等。

161

Follow Me 四川深度游

乘坐景区索道到站后前行一段就进入了珍珠湖景区。珍珠湖系彝语"沭火竹"的意译，位于螺髻山主脊东侧一个宽坦围谷中，在约2平方千米的范围内，散布着月亮湖、牵手湖、大水草湖、小水草湖等10余个高山湖泊群。景区内有大片的原始森林，主要为冷杉。蓓蕾峰的陡坡上，是杜鹃花海。花开时节，有的花大如拳头，有的小如纽扣，一团团一簇簇，满山都是花的世界。螺髻山杜鹃共计30多种，花期达半年之久。

景区还有一个飞来石，呈圆柱形，高30多米，放眼望去像一支火箭，但远古彝族先民们则认为其形是被几个小孩子簇拥着的一个女子，因为那大岩柱旁的确有桩小岩柱簇拥。

故事　飞来石的传说

相传在远古的时候，三位仙女姐妹从遥远的东方飞来，大姐途经螺髻山时被这里仙境般的景色迷住，便留宿于此，希望第二天再去和妹妹们会合。

仙女在这里被几个仙童迎接和簇拥，并亲切地叫她"阿莫"（妈妈），到了第二天仙女准备离去时，被那几个可爱的仙童死死地抱着脚，仙女的脚被牢牢地粘在地上飞不动了，仙童请求她别离开，慢慢地他们就一起化为朝东方屹立的岩柱了。

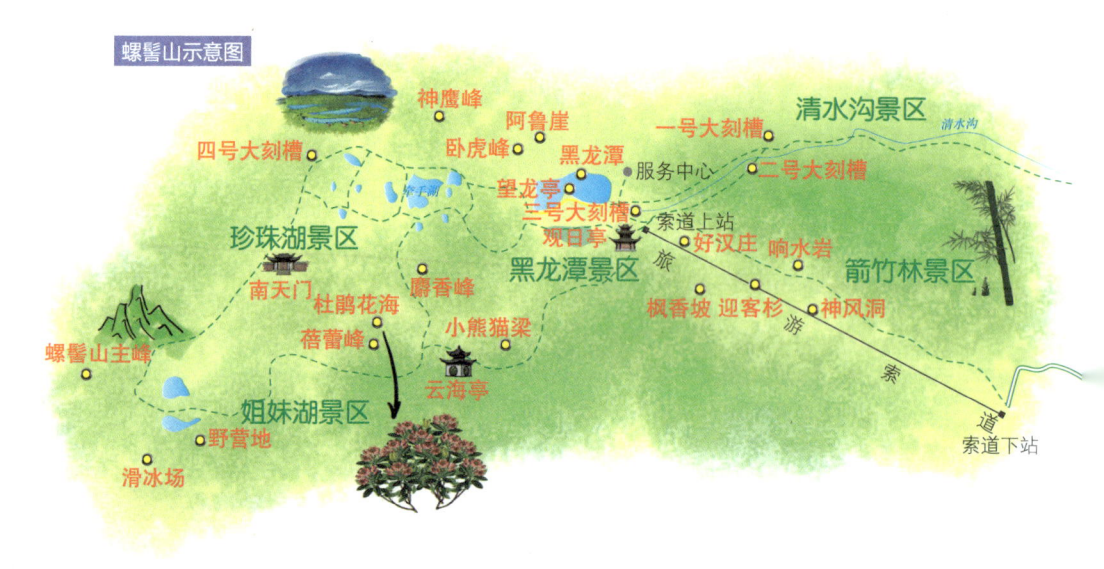

螺髻山示意图

阿鲁崖下方，是黑龙潭。黑龙潭，彝语称"沭火阿诺"，意为"黑龙栖息的天池"，是螺髻山众湖中其规模最大、冰蚀作用最强烈、冰碛物保存最多最完好的冰头湖，丰水期湖面面积近500亩，枯水期湖面面积约360亩，深不可测。

黑龙潭景区是螺髻山的中枢，往下走是清水沟景区，这里可以看世界级古冰川刻槽。螺髻山古冰川刻槽数量之多、规模之大，世所罕见。三号刻槽整个岩壁为一冰溜面，大约100米，冰溜面上可见四道大型古冰川刻槽，各类花卉、灰白的崖壁、橙色苔藓、绿色森林融为一体，景色优美。往里有二号刻槽、一号刻槽，各有特色。一号刻槽是世界上最大的古冰川刻槽，刻槽上端有"世界最大古冰川刻槽"一行字。

攻略

1. 至盛夏，各类杜鹃从低山到高山渐次开放，竞相争艳，五彩缤纷，万紫千红，有数万亩之多，把螺髻山装扮成花的海洋。

2. 白天游玩螺髻山后可以在大槽河瀑布温泉游客中心住一晚，第二天再游览温泉瀑布。

凉山地区

攻略

住宿　驴友力荐的住宿地

景区黑龙潭处设有景区服务中心，是螺髻山景区内唯一可以休息、住宿和用餐的地方。也可以住在螺髻山温泉山庄，山庄位于普格县城北1.5千米处，是一个集餐饮、住宿、娱乐、休闲等于一体的，设施齐全，设备先进的现代温泉沐浴场。

此外，还可以在山上宿营，若无帐篷等露营用具可住在山上彝族老乡家，不过条件特别艰苦。

美食　饕餮一族新发现

螺髻山没有特别的美食，也没有餐厅，可以去西昌市内用餐。市内可以品尝到彝族民间美食，其中坨坨肉、酸菜坨坨鸡、荞麦面、野山菌等一定不要错过。

坨坨肉：彝族人逢年过节及招待贵客的招牌菜，一般用15千克以下的小猪的肉做成。这些猪并不是以现代饲料喂养，肉质本身已经很爽口香甜，再加上彝族特有的香料、佐料，简单加工而成，口感十分细嫩。

酸菜坨坨鸡：其肉块与坨坨肉一般硕大，汤酸咸适度，很下饭。彝族喝汤所用的勺子是木制漆器，非常特别。

行程推荐　智慧旅游赛导游

螺髻山徒步穿越路线：每年10~11月是穿越和登顶螺髻山的最佳时机，徒步进山路线通常有两条：一条是从普格摆摆顶进山，另一条是从黄水的打柴沟进山，其中摆摆顶是传统路线，比较成熟，走的人比较多。徒步的时候最好请个当地向导。

D1：西昌—摆摆顶—五彩湖。可以在西昌乘车到达摆摆顶村后开始徒步，途经阿之祖德、干海子、金厂坝高山草甸，穿越原始森林后到达五彩湖。第一天难度较大，建议从摆摆顶村租马驮背包或骑马到金厂坝。

D2：五彩湖—蓓蕾峰，全天徒步时间约为7小时。蓓蕾峰垭口是俯瞰螺髻山青草湖全景的地方，可在垭口下面的小海子扎营。

D3：蓓蕾峰—神仙池—笔锋垭口—姐妹湖，全天徒步时间大约5小时。可在姐妹湖扎营。

D4：姐妹湖—珍珠湖—螺髻山镇—西昌，全天需7~8小时。

特别提示

❶ 螺髻山气候多变，主峰海拔高达4359米，紫外线较强，出游时请带好防晒用品：太阳伞、防晒霜、墨镜等。

❷ 景区内的游览全程为步行游览，最好穿着舒适便于行走的旅游鞋或越野鞋。出行前最好轻装前进。如遇景区内栈道有积雪时请注意防滑。

❸ 螺髻山景区为原始森林型，在游览时不要离开团队独自前往未开发的景区探险或游览。

邛海和泸山
川南胜境

微印象

@会飞的猪 游览邛海要看它的月色,这才是最美的,简直无法用语言来描述!

@贝塔go 邛海不像别的景区那么张扬着自己的风姿,她内敛、羞涩,像少女清澈的眼睛,在这里虽不远离喧嚣,却也能动中求得一份安宁!

@清白人生 到了邛海你会发现,那也许是上天留给自己的养生之所。

门票和开放时间

门票:邛海免费。泸山滑索道往返65元,凉山彝族奴隶社会博物馆免费,光福寺15元。

开放时间:凉山彝族奴隶社会博物馆9:00~17:00。

进入景区交通

位置:凉山彝族自治州西昌市南郊5千米处。

交通:

1.公交车:从市区可以坐14、17、22路公交到达邛海公园和泸山风景区。

2.环湖大巴:也可以坐汇通公司的环湖大巴106路游览邛海,非空调车起价1元,空调车起价2元。

3.自行车:可以租辆自行车环湖一圈,在西昌自行车行租到自行车,每辆车价格在10~25元之间不等。另外,在三岔口凉山州电视台、州政府一带也有很多租车的地方。建议在租用车辆时认真检查车辆状况,并租用一顶头盔。

景点星级

美丽★★★★　浪漫★★★★　特色★★★★　休闲★★★★　刺激★★★　人文★★★

凉山地区

邛海古称邛池，是一个被称为"海"的湖，其状如蜗牛，是四川省第二大淡水湖。邛海以恬静著称，景色四季各异。春日天光水色，上下一碧，一片浩瀚波光闪耀在苍山碧野之中；夏日湖水盈盈，彩霞耀眼，山寺渔村，相映生辉；秋日天高气爽，落霞孤鹜，秋水天长，使人流连忘返；冬季天净水明，红枫翠柏，倒映湖面。湖畔现有邛海公园、观鸟岛湿地公园、观海湾、新沙滩渔村、莲池、月亮湾、阳光度假村、萝莎玫瑰园、青龙寺、老海亭遗址、核桃村观赏园和省体委水上运动学校等景点。

攻略

1.可以租辆自行车围着湖骑行一圈，不仅可以游玩邛海公园、观海湾、青龙寺、月亮湾、新沙滩等邛海周边景观，而且沿途都可品尝到邛海味甘甜美的特色小吃。推荐骑行路线：火把广场—邛海公园—观海湾—青龙寺—月亮湾—小渔村。

2.邛海湖内有40多种鱼类，其中有特有的白鱼、鲤鱼、大虾、螃蟹等，许多本地人都喜欢来湖边吃湖鲜。

邛海和泸山示意图

西昌市区
城南大道
凉山民族文化艺术中心
至昭觉
川兴温泉
陈家大院
海河公园
凉山彝族奴隶社会博物馆
邛海宾馆
邛海月色风情小镇
小渔村
泸山庙宇
邛海公园
索滑道
月亮湾
烈士陵园
蒋介石行辕
卧云山庄
邛海
瞭望台
青龙寺
至普诗
观海湾
至黄联
灵鹰寺

165

Follow Me 四川深度游

邛海公园位于邛海西岸中部,是邛海泸山山水景观的览轴中心。公园主要由两大休闲带和9个功能区组成,两大休闲带为滨水休闲带、林荫休闲带,9个功能区由北向南依次建有古榕广场、清音园、花径长堤、盆景园、梨花伴月、花舞彩坪、碧海浮波、望湖楼、绝壁飞瀑、林荫绿廊竹园、水上舞台、梅园、菊圃等景观。公园以自然景观塑造为主,同时兼有厚重人文历史沉淀的人文建筑,总占地面积5.85公顷,为西昌市的城市后花园。

攻略

1. 进公园后,可以乘坐小船到对岸的小渔村吃烧烤。另外可以选择机动船,费用是20元/人左右,同时也可以包船游览邛海,费用100元以上,价格不等。
2. 观海湾距离邛海公园约7千米路程,在那里可观赏邛海湖面全景,适合拍照。

点赞

@掉了BOWL 沿着邛海边,走走逛逛,放眼望向那一碧千顷的美景,尽收眼底,好不惬意,给人一种唯美的淡淡的恬静。

@天堂HOT 去邛海的时候刚好是细雨飘过,雨过天晴的时候,空气里混合着泥土的芬芳。湖水很清澈,坐在湖边欣赏着美景,吃着地道的烧烤,很惬意!

观鸟岛湿地公园位于泸山之麓,邛海之滨,在这里可仰观泸山尊荣,亲昵邛海旖旎;可与鱼儿形影相随,与鸟儿谈天说地。一条平坦宽敞的仿木观海步道掩映在公园内的万绿丛中,坦然而亲和地将草滩问鸥、海门桥、祈福灵、三观桥、亮羽亭、映月潭等20多个景点襟带其前后左右。悠闲信步观海步道,池鱼随行,睡莲含羞,海鸟闲游,彩舟笑语,鹤云蓝天,百舸扬帆……

泸山以其"半壁撑霄汉,宁城列画屏"的气势与邛海共享"川南胜境"的美誉。山上有汉、唐、明、清年代修建的10多座古泸山刹,这些古

故事 邛海形成的传说

相传,四川邛都县下有一姥姥,家贫孤独,每次吃饭时都会有一条头上长角的小蛇在其床间,姥姥看它可怜便喂它食物。

后来这条蛇长到了一丈长,有一次吃掉了县令的一匹马,县令没找到蛇,便迁怒到姥姥身上,杀死了她。这条蛇发誓给姥姥报仇。此后,大雨一直下了40天,县城方圆20千米全部下陷为湖,只有姥姥的宅院安然无恙!至今,邛海东岸崖上那座祭祀大蛇的青龙寺遗址犹存,寺边的大黄桷树也依然蓬勃。

凉山地区

刹分别为儒教、道教、佛教所有。其中号称泸山第一座古刹的光福寺和号称四大碑林之一的西昌地震碑林是一定要看的。

泸山的第一座古刹光福寺是泸山最大的建筑群，也是主庙，始建于唐贞观十五年（641年）。寺内有清乾隆二十三年（1758年）铸铜钟一口，重达一吨多，还有古色古香的碑刻、香炉、铜铸佛像等，反映出了泸山古刹的千年兴衰。

顺着光福寺拾级而上，就到了泸山独特的景观——西昌地震碑林。西昌地震碑林收集的碑刻主要分为记事与墓碑两大类。地震碑林详细地记载了西昌3次大地震发震的具体年月日时，根据地震碑出土地点的分布情况，还可以观察到3次地震的受灾范围，推测出地震的震中。

攻略

1. **摄影**：泸山各寺庙都建有望海楼，因地势不同而观景各异。在光福寺内的望海楼"吟云阁"凭栏远眺，海阔天空，渔舟点点，岸柳、村落历历在目，适合拍全景照。

2. **泸峰春晓**：泸山峰顶有座五祖庵，极目四望，各个庙宇因地就势，布置各异，各有千秋。群山迭翠，邛海如镜，渔舟点点，山光水色浑然一体，被誉为"泸峰春晓"，是西昌八景之一。

3. **索道和滑道**：乘上索道可以观看泸山的秀色，俯览邛海的美景。泸山滑道俗称"旱地雪橇"，全长1180米，高差100米，有单人车、双人车和母子车，整个滑道随山就势盘旋而下，心跳刺激有惊无险。索道单程35元，往返55元；滑道单程40元，往返65元。

4. **泛舟**：凡是来邛海，这是一个不可少的游玩项目。泛舟漂在海上，随意游荡，喜欢刺激的朋友还可以租一辆摩托快艇，玩一把由沐风雨、挟雷电带来的快感。

5. **赏月**：古人吟："月出邛池水，空明澈九霄"，邛池夜月自古以来就是著名的邛都老八景之一。得地理和自然环境之利，西昌的月亮显得特别明亮。月出东山之时，邀三五挚友，乘一画舫或泛一叶扁舟，外加一壶浊酒，悉心"品"月，那是再惬意不过了。

6. **观鸟**：作为四川第一大天然淡水湖泊，加上气候温和，邛海有着丰富的淡水资源，是众多水鸟繁衍、栖息的乐园。

7. **垂钓**：邛海垂钓是海边一景，钓的就是一种雅兴。在这里，还能看到很多女性垂钓的身影。

8. **骑行**：可以租一辆自行车慢慢骑行，绕邛海一圈花不了多长时间，累了可以找一家西昌正宗的火盆烧烤，超级棒。

点赞

👍 **@你是特牛** 泸山茂密的植被像一个天然氧吧，山上人不多，登上观景台可以看到邛海的全景。山上野猴不像峨眉猴子那般顽劣凶猛。

👍 **@星星魂对** 泸山号称是西昌之肺，天然氧吧，在疲劳的工作学习之余去登一下泸山也是一次小锻炼，光是山上的美景也会减轻疲劳感！

167

Follow Me 四川深度游

攻略

住宿 驴友力荐的住宿地

邛海边上酒店较多,无论是农家乐还是宾馆价格都不高。

同福山庄:位于观海湾景区,环境好、老板热情,走出房间就可以到山庄的观景平台,到了晚上,一边吹海风、看月亮,一边喝上几瓶啤酒,简直是人生一大乐事。

邛海宾馆:位于海滨中路115号,依山傍水,有总统套房、海景套房、海景单间、海景标间等300余间,床位近500个。宾馆还可提供中西自助餐、海滩露天酒会、月光烧烤晚会、凉山民族品牌"彝皇盛宴"等。

邛海问海驿客栈:位于邛海之滨邛海泸山景区最核心区,雅致小院里繁花似锦。

观海听涛艺术酒店:位于海滨南路32号,拥有标准间、单间、多功能厅、健身房、露天茶吧、咖啡吧。可在此远眺邛泸自然风光,徜徉在听涛谷的艺术海洋。

美食 饕餮一族新发现

邛海边上任何景点都有专门卖邛海烤鱼的摊点,味道都还不错,价格也合理公道,唯一不好的就是卫生条件。城区的餐饮店较多,各种档次、各种口味都有,其价格较成都略便宜。

如果要吃彝族特色菜,推荐去"金荞麦",住在西昌城区的人几乎都知道,价格合理,味道相对正宗。也可以去高档饭店享受一顿高档的彝族大餐,用餐时还可以看到彝族风情表演。

行程推荐 智慧旅游赛导游

邛海泸山环湖一日游路线:

早餐后乘车游览凉山州民族文化生态园(火把广场、黑虎之门、永恒之火),全面了解彝族文化;参观完毕后乘车至邛海月色风情小镇,漫步于古榕月韵滨水休闲区、月色客栈区,登临泸山,亲身体验邛海、泸山的山水一色美景。中途可以去参观一下"凉山彝族奴隶社会博物馆",游览泸山寺院,观地震碑林等。

午餐后沿着环湖路赴观海湾特色小镇观"天下第一缸",参观"龙行甘露"的青龙寺景区后乘车继续前往川南休闲第一湾——月亮湾,漫步月亮桥,登临海楼,游览由湖岸延伸至湖中的渔人码头,环视月亮湾全景,在小渔村品尝邛海特色烧烤小吃。

泸沽湖
天上人间

微印象

@Joker浮生 泸沽湖，一个不需要太多形容的地方，只需要将身心融入其中，让时光走得再慢些。醉美泸沽湖，天上人间，请跟随我的脚步，一起去感受这片蓝色的美景吧。

@张胖子是我我是张胖子 我们在蓝天白云下行走，于是就可以忘记生活带给我们的伤痛，寻找到的是最初那份纯真而又简单的梦想，哼着一首简单的歌，和朋友骑着单车在湖边喝着小酒，驻足欣赏与世隔绝的世外桃源——泸沽湖。

门票和开放时间
门票：70元，进入景区后内部个别小景点单独收费。
开放时间：8:00~18:00。

最佳旅游时间
春、夏两季是到泸沽湖旅游的最好季节，此时鲜花遍野，万亩草海翠绿，宛若天然花园。

进入景区交通
位置：凉山彝族自治州盐源县泸沽湖镇。
交通：从西昌汽车客运中心乘大巴可到泸沽湖景区，行程六七个小时。

景点星级
特色★★★★　人文★★★★　浪漫★★★　休闲★★★　美丽★★　刺激★★

Follow Me 四川深度游

泸沽湖位于四川省凉山州盐源县泸沽湖镇与云南省宁蒗县永宁乡交界处。湖泊面积约50平方千米，最大水深超过105米。梦幻般的泸沽湖，以其秀丽的山水风光和独特的摩梭风情闻名于世。

泸沽湖周围群山环抱，湖上岛屿各有特色，湖畔河湾草滩众多，最著名的就是泸沽湖镇一侧的草海。草海位于泸沽湖东岸，芦苇如墙，景色秀美，仿佛镶嵌在泸沽湖东岸的一块翡翠，草海内水生动植物众多，堪称一座生物大观园。

湖边的居民主要为摩梭人。摩梭人至今仍然保留着母系氏族婚姻制度。独特的"阿夏"婚姻、自然而原始的民俗风情、美丽的自然风光，为这片古老的土地染上了神秘而美丽的色彩，被称为"神奇的东方女儿国"。

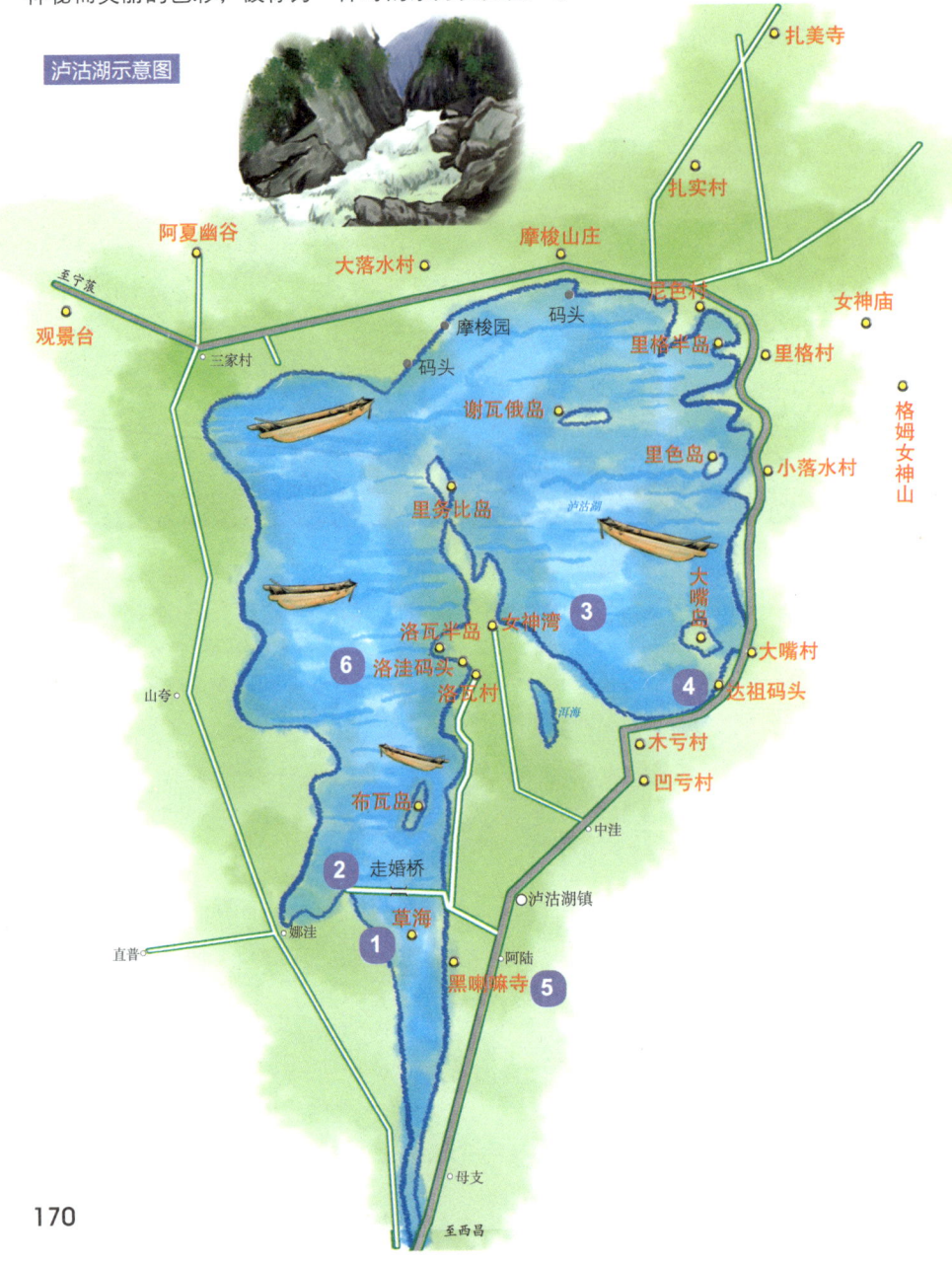

泸沽湖示意图

凉山地区

攻略

想要体验泸沽湖的美,徒步或骑单车是最好的方式,这样你可以在一天中的不同时间从多个角度与泸沽湖进行亲密接触,细细体会泸沽湖的美景。途中,你还可以随时到摩梭人家里参观祖母屋,喝茶、聊天,也可以跟着当地人去采摘到处都是的苹果、梨子。

❶ 草海

草海位于泸沽湖靠东一侧,这里湖水较浅,布满了很多芦苇,整个湖面一片葱葱郁郁的绿色。一日当中水色多变,黑压压的水鸟,在那里随波逐流,草海真正成了水鸟的世界。草海四面青山环抱,林木茂密,水天一色,翠峰鹄立。草海西部有一孤岛叫"阳关山",岛上竹篱茅舍,鸡犬相闻,一片宁静淡泊的世外桃源景象。草海还有一个横在水面上的草海桥,游客可以走在桥上,近距离地漫步在碧绿芦苇荡之间。

攻略

猪槽船是由一根粗壮的镂空圆木,两头削尖制成,因其形如一个长长的猪槽而得其名。泸沽湖湖水碧蓝清澈,藻花点缀其间,湖中各岛亭亭玉立,林木葱郁,翠绿如画。坐在猪槽船上,看早晨的日出,听一曲摩梭姑娘的山歌,格外惬意。

每当风和日丽、阳光明媚的时候,乘坐猪槽船途经王妃岛附近时,群山倒映在湖上,就会看见一尊栩栩如生的佛像静静地侧卧在湖水中,让人叹为观止。

❷ 走婚桥

走婚桥位于泸沽湖东南水域的草海区域,是泸沽湖上唯一的一座桥。桥下由于长年泥沙淤积,水深变浅,长有茂密的芦苇,远远望去,像一片草的海洋,故当地人称其为"草海"。这座横跨草海、连接两岸村落的木桥,长达三百余米,为"走婚"的"阿夏"提供了便捷的通道,被称为"天下第一爱情鹊桥"。

天空蔚蓝，白云朵朵，远处山峦若隐若现，湖水湛蓝，中间小岛零星，一切静谧而又美好。

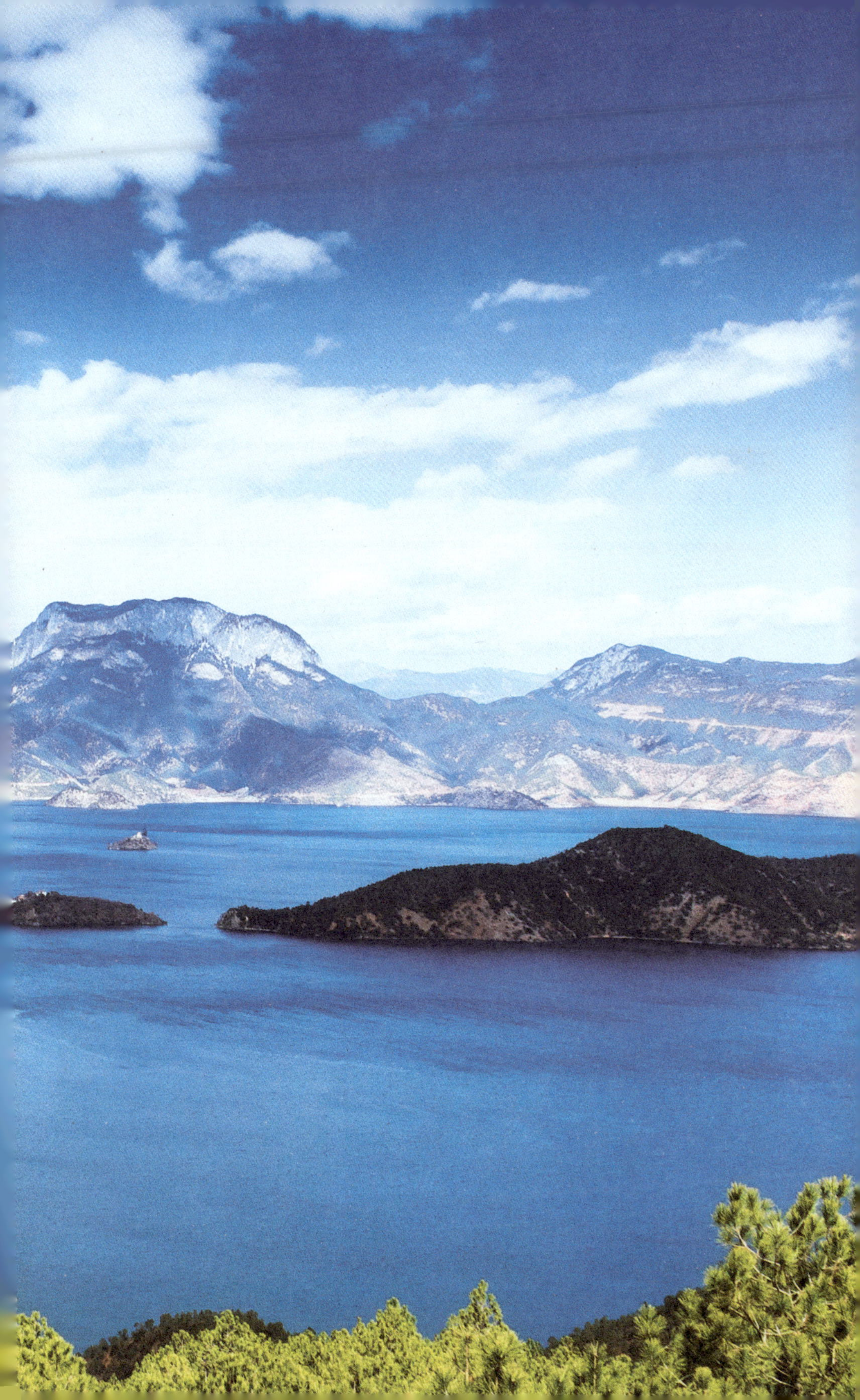

Follow Me 四川深度游

❸ 女神湾

女神湾位于泸沽湖西侧湖滨，是一个安静的小港湾，对面正对着格姆女神山，因此得名。女神湾是拍摄湖水和神山相映的最佳地点，傍晚时的日落和晚霞更是摄影师的最爱。游玩女神湾的最佳时间是傍晚，每当日落西山、晚霞火红，整个湖面都蒙上一层暖色，正是拍摄大片的好时机。

❹ 达祖码头

达祖码头在达祖村内，深蓝色湖水清澈得像水晶一样透明，在树荫之下水由深蓝变为紫色。湖的周围都是长有森林的山，山的各边形成深谷，谷里的小溪流入湖里。清晨，当第一缕霞光穿透山涧，湖面一片碧蓝，农家升起炊烟，在霞光与湖水的折射下，刚刚苏醒的码头烟波浩渺，一片生机，而远处的小船仍平静地浮在湖上，一切都是那样平静……

攻略

达祖湖湾位于女神山脚下，湖湾中的达祖村是泸沽湖内唯一一个纳西村落，那里有着最原始的纳西风情，是体验纳西民俗的好地方。

❺ 黑喇嘛寺

黑喇嘛寺坐落在草海旁，是藏传佛教最古老的"本波教派"宗教场所。寺庙按律举行的法事活动，成为摩梭人盛大的节日。

攻略

每年寺庙里都会举行盛大的喇嘛大会活动，寺庙的喇嘛按照传统进行仪式和表演等活动。在每年冬月十五举行的晒佛、祭太阳神法事活动，是摩梭人较为盛大的节日。信徒们朝着东方冉冉上升的太阳和太阳神布画像磕头、拜神，整个仪式都非常庄重而肃穆。

❻ 洛洼码头

洛洼码头的所属地洛洼半岛是一个非常重要的分界线，半岛的这边是著名的草海，半岛的那边是亮海，所谓亮海就是没有看到草的水面。正因为如此，在这个码头看风景是很特别的，一边是青青绿草的世界，一边是清澈见底的湖水。洛洼码头也是看夕阳西下、日出东方的最佳地点。

攻 略

住宿 驴友力荐的住宿地

这里没有像大洛水那样的游客云集之地，但住宿条件比之前有所改善，一般旅馆都有标间。

泸沽湖湖光山舍客栈：客栈在四川境内，正对草海，风光旖旎，坐在阳台上，可以一边喝茶边欣赏草海的风景。阁楼式的建筑，构思源于摩梭姑娘居住的吊脚楼，旅店客房里，处处精致的小玩意，无不散发出特有的摩梭风情。地址：西昌盐源县泸沽湖镇草海。

泸沽湖呆草客栈：呆草的位置很好，房间大而干净，前面阳台可以望见草海，后面有个小院子可望山观树，客栈有自己的停车场。呆草服务好，饭菜也很地道。

美食 饕餮一族新发现

四川泸沽湖的饭馆主要有川菜和摩梭风味菜，一些餐吧和客栈也经营简单的西餐。饭馆、酒吧主要集中在洛洼半岛，湖边也有烧烤，白天在草海一带，这里的烤鱼和烤海菜花还是挺值得一试的。

到了泸沽湖，一定要尝尝当地的猪膘肉、牛干巴、酥油茶、苏理玛酒。摩梭人家的烤鱼也很好吃，是用当地的一种特产叫巴鱼的小鱼做的。在湖边一边烧烤，一边感受湖光山色和祥和的村落，又是另一种惬意的享受。

娱乐 城市魅力深体验

摩梭家访：如果想要探访真正的原生态摩梭人家及宁静的原始村落，可以到泸沽湖小落水村做一次摩梭"家访"。做家访可以与摩梭人的形象代言人"娜金拉初"联系，娜金拉初是泸沽湖官方的热心服务者，她可以带你感受摩梭人最原始的生活及文化。

篝火晚会：在泸沽湖畔，篝火晚会几乎是每晚都会举行的活动。现在最为流行的就是甲搓舞，意思是"美好的时辰而舞"。摩梭青年男女跳起欢快的舞蹈，唱泸沽湖情歌，他们也会邀请你围着篝火载歌载舞，篝火晚会在歌舞声中掀起一个又一个高潮，"呀索呀索呀啦索"的喊声一浪高过一浪。

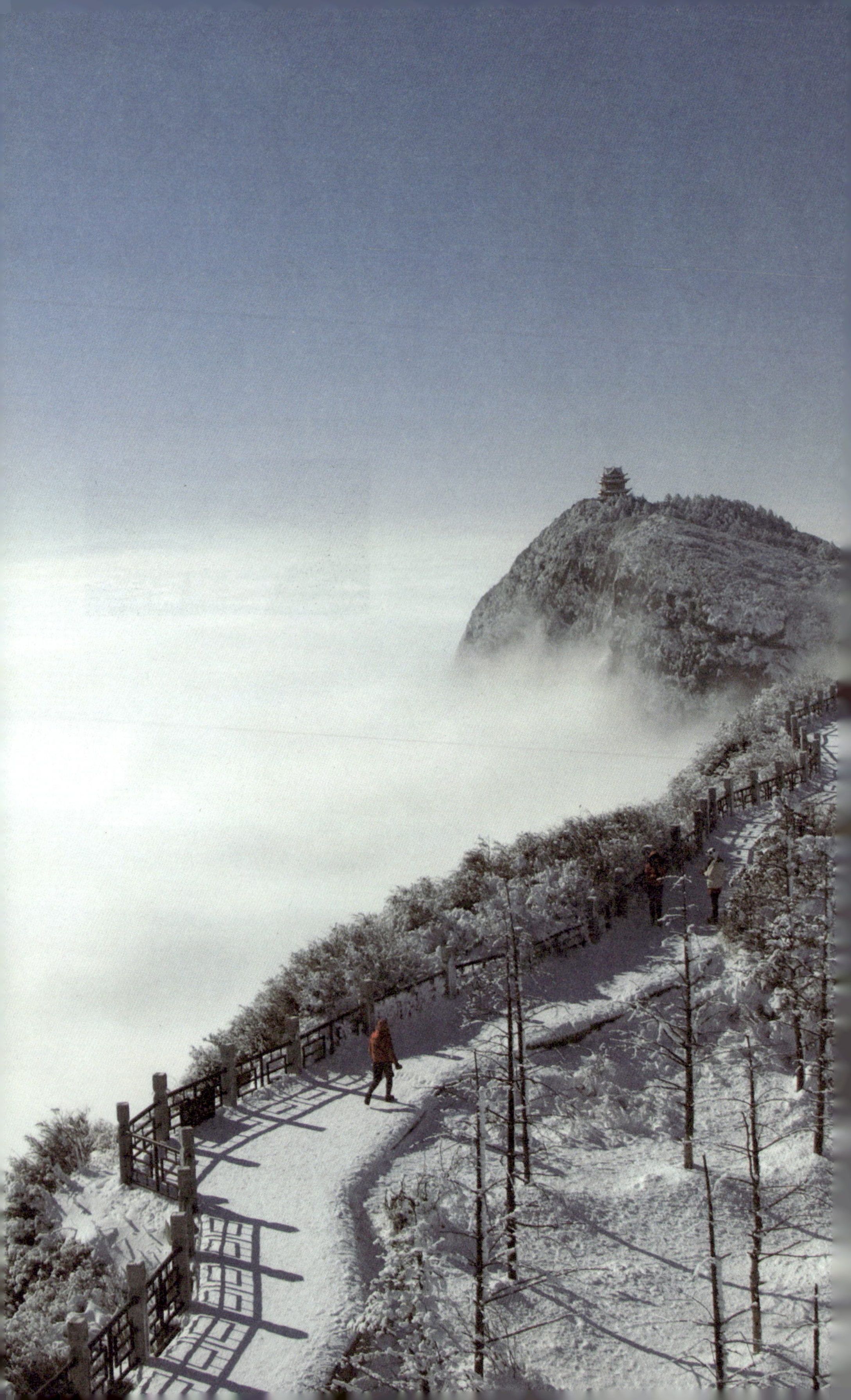

第6章
川东南

乐山大佛
峨眉山
蜀南竹海
石海洞乡

四川深度游
Follow Me

乐山大佛

佛是山　山是佛

微印象

@背着相机去旅行　乐山大佛俯视三江，阅尽人间沧海桑田，惯听大江潮起潮落，岿然不动，千年不变！

@vickylao　坐在船上看乐山大佛很壮观，真的很惊叹古人改造自然的能力！

@甜甜的daisy　每次看到这种景观，都为自己是个中国人而感到骄傲，为古代的能工巧匠而骄傲！

门票和开放时间

门票：80元（含乐山大佛、乌尤寺、麻浩崖墓），游江票（游船票、快艇票）70元。

开放时间：旺季（4月1日至10月7日）7:30~18:30，淡季（10月8日至次年3月31日）8:00~17:30。

最佳旅游时间

春秋两季是去乐山旅游的最佳时节，此期间活动比较多，有乐山大佛景区节庆活动、祭侯会（农历八月）、乐山大佛文化节、五通桥龙舟会（端午节）等，比较热闹。

进入景区交通

位置：乐山市市中区凌云路2435号。

交通：

1. 公交：乐山高铁站、乐山汽车站均可乘坐3路公交到达景区。
2. 出租车：乐山大佛离城区较近，可乘坐出租车前往。

景点星级

人文★★★★★　美丽★★★★　特色★★★★　休闲★★★★　刺激★★★　浪漫★★★

川东南

乐山大佛位于岷江、青衣江、大渡河汇流处岩壁上，依岷江南岸凌云山栖霞峰临江峭壁雕凿而成，是唐代摩崖造像的艺术精品之一。景区由凌云山、麻浩岩墓、乌尤山、巨型卧佛景观等组成，古有"上朝峨眉、下朝凌云"之说。

攻略

1.观赏乐山大佛有两条途径：一是登山从大佛顶部侧翼的陡峭台阶逐级而下，到底部后从另一侧排队爬台阶离去；另一个途径是在对岸乘船，从水上观看。

2.如果不想进入景区，可从乐山港码头乘游船在三江合流处看大佛，但往往要凑齐人数才发船。游程20~30分钟。游船二层甲板上隔出一个地方专门用来收费拍照，大约20块钱1张，照片等下了船之后在售票处取。

凌云禅院　大佛坐像　石块发髻　木质双耳　东坡楼　麻浩崖墓

乐山大佛解构示意图

九曲栈道　护法天王石刻　凌云栈道

① 乐山大佛

乐山大佛又名凌云大佛，为弥勒佛坐像，通高71米，是唐代摩崖造像的艺术精品之一，也是世界上最大的石刻弥勒佛坐像，脚面可围坐百人以上。1000多年来，乐山大佛阅尽多少人间春色，经历多少朝代更迭，依旧肃穆慈祥，心旌不摇。

攻略

九曲栈道是大佛右侧沿绝壁开凿而成的一条古栈道，栈道连至佛头的右侧是凌云山山顶，站在顶端能最近距离地欣赏到大佛头部的雕刻艺术。

Follow Me 四川深度游

载酒亭： 在凌云山腰，正好与"苏东坡载酒时游处"石刻相对。在此小憩，近瞰三江，远眺峨眉，青山隐隐。

东方佛都： 是乐山大佛旅游景点佛文化的延伸、是乐山大佛景区的主要组成部分，景点内集中仿制了国内外佛像三千多尊。

乐山大佛景区示意图

② 麻浩崖墓

麻浩崖墓位于凌云、乌尤两山之间的溢洪河道东岸，系汉代墓。崖墓是川西，特别是乐山地区流行的一种凿山为墓的墓葬形式，而麻浩一带又是乐山崖墓群中最集中、最有代表性的墓葬群，在长约200米、宽约25米的范围内有崖墓544座，墓门披连，密如蜂房。

墓中保存着汉代画像石和汉崖墓出土的精美文物，不仅包括了各式汉代建筑、画像石棺、人物服饰、车马伎乐、鸟兽虫鱼图形，而且有不少历史题材和神话故事以及书法题刻。已开放的是一个"前堂三穴"的大型墓，墓门上均有精工雕刻，飞檐、瓦当、斗拱、花纹图案，无一雷同。

解说

崖墓是一种独特的埋葬方式，其特征是沿着浅丘、山谷的砂质岩层由人工凿成方形洞穴，然后安葬遗体和殉葬品。从外部看去，是一个个神秘的山洞。

川东南

点赞

👍 @树啊树 虽然人很多，但还是值得一去的。从大佛头顶进去，层层往下，最后站在大佛脚下的时候，你才能感到佛有多大。这真的很有寓意，人有时要学会放低自己。

👍 @jessica 大佛确实是巧夺天工的作品，从盘曲的贴崖栈道上下来仰视大佛，确实让人叹为观止。大佛面朝江水，景观非常开阔清新。

③ 凌云胜景

凌云山各峰上的寺宇，现在还保存的有栖鸾峰的凌云寺和灵宝峰的灵宝塔。凌云寺规模颇大。大佛就凿于离寺不远的崖上，大佛也因此称为凌云大佛，凌云寺也因有了这尊大佛，而被人们称为大佛寺。

凌云山周围还有东坡楼、竞秀亭等亭台楼阁，山上还有很多汉崖墓，有的悬崖深达10多米，这是四川特有的古迹。

攻略

从凌云寺可以沿一条凿于悬崖边上的陡直小路，下到大佛的脚边，在此凭栏看佛，可以仔细观赏大佛头部各个部位的细微之处。

周围有精细的雕塑，里面还有陶俑之类的陪葬品。

④ 天然睡佛

来过乐山的人都知道大佛所在的乌尤山和凌云山体本身就是一尊硕大无比的天然睡佛。从乐山城东的轮船公司码头望去，只见乌尤山为佛首，眉眼清晰可见；凌云山为佛身，妙处自然分明。其身形神态之神似，堪称天下一绝。

小贴士

游人可到乐山城东轮船公司附近的观佛楼处，观赏天然大佛的奇景。观佛楼的墙上还有潘鸿忠撰写的《乐山巨佛发现记》。

故事　卧佛的发现

乐山这尊天然睡佛早已存在，千百年来进香的香客和观光的游人不计其数，但从未有人发现。1985年5月11日，广东顺德老农潘鸿忠于无意中摄得一张照片，约半个月后洗印出来后，才忽然发现"山形如佛身仰卧"。

⑤ 乌尤山

乌尤山即古离堆，相传为秦时蜀郡守李冰开凿，以"避沫水之害"。乌尤山与凌云山并肩立于岷江之滨，两山之间隔一水，有吊桥相通。乌尤山因孤卧江中，好似一头乌牛，故又名"乌牛山"，相传宋代诗人黄庭坚至此，嫌其名不雅，而见山上古木繁荫，便更名为"乌尤山"。山上有乌尤寺，建筑顺山势设计，曲折高低，玲珑雅致，别具一格，寺内除了佛殿以外，还有旷怡亭、听涛轩、尔雅阁等精巧建筑。

攻略

1.登乌尤山水陆两便，陆路可从凌云山过濠上桥登山，也可直接从乐山乘车抵乌尤山麓，再漫步登山。水路则可在乐山港或对岸码头乘船，先在江上观赏大佛胜景，再抵乌坝码头，然后拾级而上即可到山顶。

2.乌尤寺山顶花园的独好亭是景区最高处，是观赏乐山风光的最佳点之一，晚间可观壮美的嘉州夜景。

3.景区旁有条古街叫作嘉定坊古街，街上设有茶坊、酒楼、酒吧、戏台、购物场所等，可前去一逛。

181

Follow Me 四川深度游

攻略

住宿 驴友力荐的住宿地

乐山大佛寺内有为游人提供的各类客房，还会提供简单的饭菜，但大部分的游客都会在乐山市区内住宿。

乐山市住宿条件较好。乐山金海棠大酒店紧邻绿心公园，被梦叫醒江景酒店可瞰岷江风光，都离乐山港不到1千米；教育酒店、金桃源酒店从乐山港站下车步行不到5分钟。此外乐山还有很多快捷商务酒店可供选择，价格合理。

美食 饕餮一族新发现

乐山小吃素负盛名，最出名的有跷脚牛肉、乐山棒棒鸡、甜皮鸭、钵钵鸡、牛华豆腐脑、乐山烧烤、黄焖鸡等，市内的张公桥桥头处云集了一大批大排档，不但有各色小吃，还有许多烧烤店。

另外，乐山的岷江河鱼也是最新鲜可口的，淡水河鱼中要数江团（学名长吻鲍）是最极品的美味，但能否吃到江团还要看是否有足够的运气，因为这并不是常能被捕捞到的河鱼。

行程推荐 智慧旅游赛导游

乐山大佛一日游路线：景区入口—凌云山—龙湫虎穴—灵宝塔—凌云栈道—乐山大佛—东坡楼—海师洞—凌云寺—佛国天堂—璧津楼—滨江路中段—乌尤寺—巨型睡佛。

特别提示

❶ 去的时候注意不要上拉客的"13路"，那是黑车，会把人直接拉到东方佛都的门口，一定要到正规公交车站去坐车。

❷ 三轮车夫推荐的饭店不一定好吃，尤其乐山港的一些豆腐店是著名的宰客场所，但很多三轮车夫却爱把游客往那里带。

峨眉山
峨眉天下秀

微印象

@ yy-卡布奇诺 峨眉山是一个可以让人全身心地放松、尽情地呼吸新鲜空气的好地方，有山有水有美景。到达金顶的时候真的让人很震撼，金碧辉煌的佛像，很有庄严肃穆的感觉。

@戴云山 峨眉，如同美女的蹙眉，坦然优雅，途经九十九道拐，在脚软之时，抬头望，树木肆意地绿，花儿肆意地开，山间细流从高处泻下，忍不住手捧这清澈灵动之水，看自己的眼睛，充满欢欣。

@ o自由o 峨眉山是个清净之处，名气如雷贯耳，不仅仅有山景风光，还有浓郁的佛教文化气息。

门票和开放时间
门票：旺季160元，淡季110元。
开放时间：旺季6:00~17:00，淡季7:00~16:00。

最佳旅游时间
峨眉山一年四季都适宜游览。春季的峨眉正是满山杜鹃花开的时节，赏花之余，还能参加峨眉山朝山会；夏季峨眉山适宜戏水避暑；秋季的峨眉山绚丽雅致，满山绚烂夺目的红叶正是其秋景的标志；每年11月至次年2月期间利于观看云海、日出、日落、佛光，还可在峨眉滑雪和泡温泉。

进入景区交通
位置：乐山峨眉山市峨眉山镇。
交通：
1.公交车：乐山高铁站可乘坐601路旅游专线公交直达景区，该公交经过峨眉山站，在峨眉山站也可乘坐12路公交到景区。
2.出租车：从峨眉山市区九珠客运中心至景区客运中心13元左右，从峨眉山市火车站至景区客运中心15元左右。出租车最多只能到达峨眉山景区内的迎宾广场，进山要换乘旅游观光车。

景点星级
美丽★★★★★　浪漫★★★★　特色★★★★　休闲★★★★　人文★★★★　刺激★★★

Follow Me 四川深度游

峨眉山是中国佛教四大名山之一，是闻名天下的普贤道场，山中佛教寺院昌盛，约26座，重要的有八大寺庙，佛事频繁。

峨眉的山势以巍峨雄壮为主，包括大峨眉、二峨眉、三峨眉、四峨眉等山峰，主峰为大峨，通常说的峨眉山就是指大峨山。大峨、二峨两山相对，形如蛾眉，故而得名。山中景色以佛寺与自然风光结合为主，主要景点有报国寺、万年寺、金顶、自然生态猴区等。

峨眉山秀甲天下，山势雄伟，故曰"峨眉天下秀"，又因其景色秀丽，气象万千，素有"一山有四季，十里不同天"之妙喻。它还以多雾著称，常年云雾缭绕，变化万千，更有一道活景观——灵猴。

❶ 洗象池

洗象池始建于清康熙年间（1662—1722），寺前有一水池，传说普贤菩萨每次骑象至此，总要在池中为白象沐浴后才上金顶，因此得名洗象池，寺院也由此得名。"峨眉山月"古已有名，洗象池则因其地势高峻、视野开阔而成为最佳赏月地点，"象池月夜"也是峨眉胜景中最唯美的景象。

攻略

1. 从万年寺到洗象池的路上有华严顶，可以远望金顶、九老洞、万年寺等山景。华严观云也是峨眉山的著名景色之一。

2. 洗象池至金顶为高山区，气温比山下报国寺处低约12℃，有棉大衣供游人租用。

3. 洗象池到雷洞坪的一路上都是杜鹃花，每年3月底~4月，这一带是摄影的好地方。

4. 雷洞坪车场右侧有滑雪场，每年的降雪期都举办盛大的"冰雪节"，滑雪最热闹。另外，每年农历三月三，中峰寺举行有佛事庆典，很壮观。

小贴士

峨眉山上的猴子较为顽劣，喜欢抢游客的东西，一定要注意以下事项：

不要手里提着塑料袋来晃去，不要把饮料提在手里或放在书包外面的网袋里；不要当着猴子的面吃东西；不要当着猴子的面打开书包；手里的东西最好一次尽数全喂，不要逗弄它们；喂完食物，可以拍手示意，表示已经没有了。

峨眉山示意图

川东南

❷ 报国寺—万年寺

报国寺是峨眉山最大的寺庙，寺中藏有三宝：一是七佛殿内永乐十三年（1415年）建造的高2.4米的巨型瓷佛；二是高2.3米、重25吨的大铜钟；三是高7米、四周铸刻有4700余尊佛像和华严经全文的14层"华严铜塔"。

万年寺是峨眉山八大寺庙之一，相传为汉代采药老人蒲公礼佛处。该建筑400年来经历了18次地震却依旧安然无恙，被称为是中国古代建筑的一大奇观。殿中珍藏有一座宋代铸造的普贤菩萨骑六牙白象的铜像，高7.85米，重62吨，为镇殿之宝。

攻略

1.从报国寺左行约1千米，跨过虎溪桥，便到绿荫环绕的伏虎寺了。伏虎寺中有一座5.8米的紫铜华严塔，塔身铸有4700余尊小佛像和195048字的《华严经》，是中国铜塔之最。

2.峨眉山的特产很多，以茶叶最为有名，兼有黄连、天麻、虫白蜡、峨眉黄柏等中药材。近来峨眉山的竹叶青销量很好，这是万年寺的觉空和尚创造的新品。

❸ 金顶

华藏寺始建于东汉，时称普光寺，后改名光相寺。明代在殿后最高处营建普贤殿，俗称铜殿，殿顶鎏金，于是又称金顶。2006年重修华藏寺之余，又在附近新建了金殿、银殿、超大观景台和四面十方普贤菩萨金像。金像通高48米，总重量达660吨，是世界最高金佛。

攻略

1.金顶是峨眉山寺庙和景点最集中的地方，为峨眉精华所在。游客可在陡峭的舍身岩边欣赏日出、云海、佛光、圣灯峨眉四绝。观赏日出的最佳时间夏天约为6:00，冬天7:00；看云海则是9:00~10:00和15:00~16:00比较合适。佛光和圣灯则比较难见到，得靠运气了。

2.雷洞坪到金顶约有七八千米的山路，体力不佳的人可以在接引殿搭乘缆车上山。如果徒步前往的话要注意有猴子讨要食物，注意保护好随身财物。

链接 峨眉山自驾营地

峨眉山景区是一个适合不同年龄阶层游玩的地方，更是一个适合自驾游、寻找自然与人文绝色美景的目的地。峨眉山自驾游露营地位于灵秀温泉欢乐谷内，是中国西南面积最大、功能最齐全的生态露营地，营地内基础设施齐全，分为露营区、拓展区、自助烧烤区、休闲区四大功能区。

在秀丽的峨眉山下温泉欢乐谷露营地，您可以泡温泉、垂钓、品茗、玩棋牌、看演出、登山、露营、自助烧烤、参加篝火晚会，还能品尝到极具特色的峨眉派武林九大碗以及各种火锅系列产品。驾着自己的爱车，约三两好友，穿行景区乡间，于日暮晨昏时搭一顶帐篷，亲近自然，休闲身心，别样惬意。

不到金顶等于没到峨眉山，夜晚的金顶依然亮堂，夜空中繁星点点，看似近在咫尺，仿佛伸手即可摘星辰。

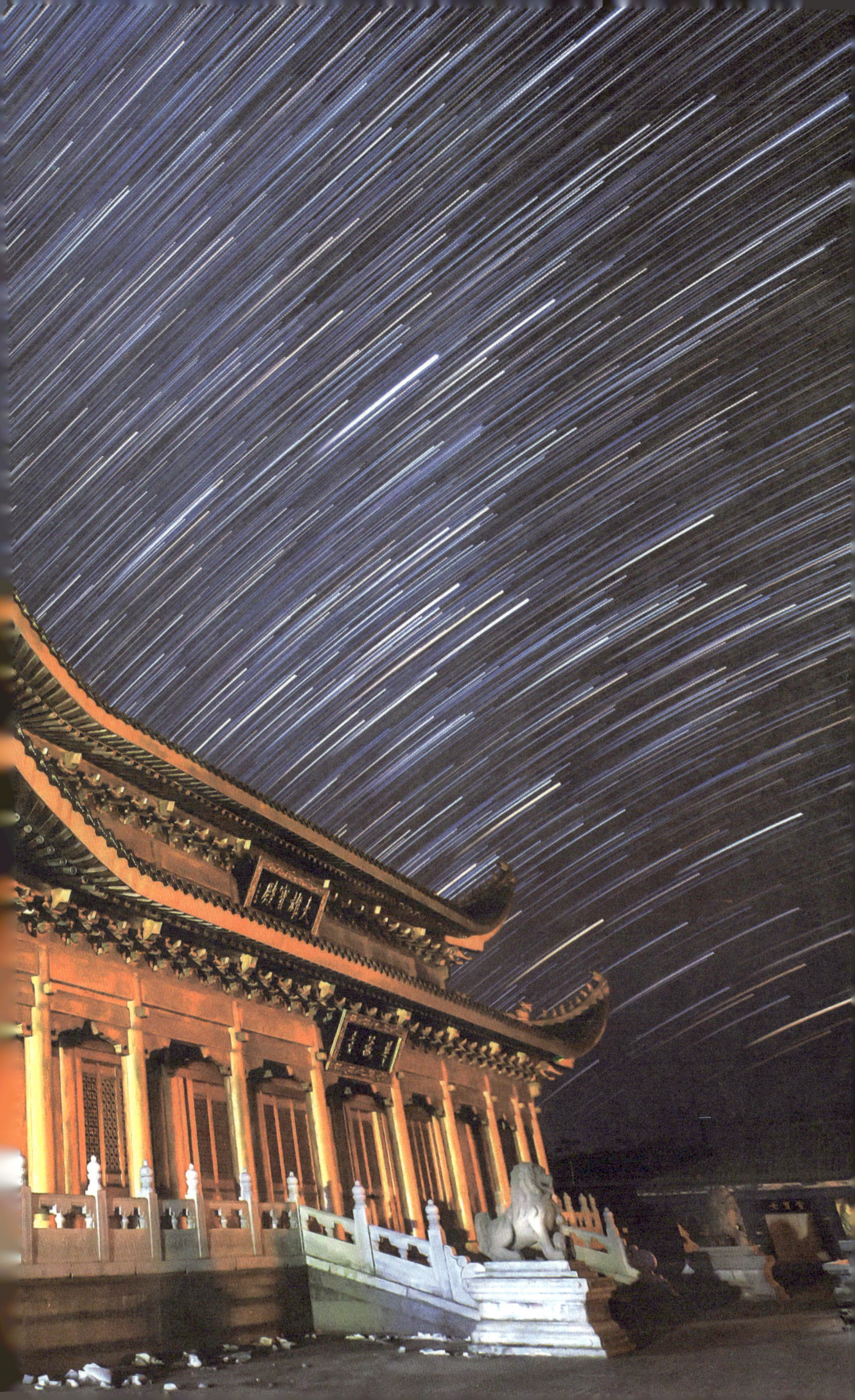

Follow Me 四川深度游

攻略

景区交通 多种方式自由行

① 观光车：观光车是游览峨眉山景区的主要运输工具，全山共5个车场，即：报国寺客运中心、五显岗车场、万年寺车场、零公里车场和雷洞坪车场。票价：全山段往返90元/人，各站点一次有效。

② 索道：万年索道（万年停车场—万年寺）旺季上行65元，下行45元；淡季上行30元，下行20元。运行时间：6:40~18:00。金顶索道（接引殿—金顶）旺季上行65元，下行55元；淡季上行30元，下行20元。运行时间：5:30~18:00。

③ 滑竿：为游人代步的特色交通工具，坐滑竿的价格：上行30~40元/千米，下行稍便宜些。例如：从洗象池到雷洞坪7.5千米，上行240元/乘，下行180元/乘，可砍价。

住宿 驴友力荐的住宿地

到峨眉山旅游通常都不会住在市区，景区的住宿则主要集中在报国寺、清音阁、雷洞坪和金顶处。当然也可选择住在沿途的寺庙内，山上几乎所有寺庙都备有客房，其中洪椿坪和洗象池等大寺院住宿条件稍好。

报国寺景区：报国寺周围是景区住宿最多的地方，饭店宾馆主要集中在客运中心两侧，条件大都差不多。推荐红珠山宾馆、峨眉山大酒店、3077客栈、玩具熊主题酒店等。

清音阁景区：清音阁是峨眉山半山山腰的交通枢纽，住宿多为农家乐。

雷洞坪景区：雷洞坪是高山区的主要住宿点，食宿比金顶便宜，以私人小旅馆为主，一般标间价格为200元左右。

金顶景区：住在金顶比较方便观赏金顶日出，不用辛苦早起爬山。不过金顶住宿不多且贵，有金顶山庄（标间600~1000元）和金顶大酒店（标间一般在1000元以上）等。

美食 饕餮一族新发现

峨眉山的素斋自成一家，以报国寺、伏虎寺、万年寺最为精于烹调素斋。峨眉更有诸多名小吃，如叶儿粑、三合泥、凉粉，更有豆腐脑、燕岗汪记抄手、串串香等。

峨眉素席：以豆制品、面精（酿皮）、蔬果等为原料，仿荤席的品类、形状而做出的菜肴，不但仿其形，而且仿其味，可以乱真。斋饭的价格每个寺院不同。

豆腐脑：系骨头汤加调料熬制，川味十足，舀入碗中再加粉蒸牛肉或者粉蒸肥肠、油米花生、脆酥肉、芹菜丝、胡椒粉，淋点芝麻香油，浓香无比。

叶儿粑：用糯米细粉做皮，内用白糖、花生、核桃、芝麻等合制成芯子；用粑叶包好蒸后即可食用，味道鲜美，令人回味无穷。

三合泥：峨眉山小吃中一道有名的甜品，材料为黑糯米、黄豆、芝麻、油炸花生和猪油，用特制秘法制作，吃起来皮面干脆、芯里柔软，特别香浓。

峨眉曹鸭子：峨眉山的熏鸭业已有200多年历史，其中最出名的就是曹鸭子。烟熏鸭最大的特点在于，香而不燥，鸭肉咬在嘴里非常香，但不会觉得燥口、燥火。

好吃街：位于峨眉山市中心繁华地带峨眉大厦旁的好吃街是当地人最喜欢的小吃街，街里有豆腐脑、三合泥、火锅、黄焖鸡（兔）、烘烤、酸汤鸭等各色峨眉小吃，人均消费40元左右。

峨眉山特色美食村：位于峨眉山古凤凰台旧址瑜珈河畔，峨眉山大酒店外侧，美食村内有峨眉小吃、峨眉烧烤、峨眉小厨、神水雪芽廊和峨眉酒吧等，价位适中，可临水就餐。

农家乐：峨眉山有许多农家乐，如果想尝试农家菜，可以在徒步前往伏虎寺、报国寺途中食用。农家院就餐最便宜的只需5~10元/位，但想吃特色农家菜，人均消费50元。

娱乐 城市魅力深体验

1.泡温泉：温泉都在报国寺附近，在一天的尽情玩乐之后，返回报国寺舒舒服服地泡温泉，可缓解一天爬山的疲惫。

2.滑雪：滑雪场位于雷洞坪车场右侧，海拔2500米左右，沟壑纵横，山峦蜿蜒。每年的降雪期，峨眉山都会举办盛大的"冰雪节"，高山滑雪、趣味滑雪、雪地山地车滑雪等活动应有尽有。

3.灵秀剧场看晚会：每晚19:30，会有功夫峨眉大型旅游晚会。晚会由中国峨眉山派功夫艺术团原班人马演出。将峨眉武术与佛教文化、工夫茶艺、手影、川剧变脸吐火等精彩节目融为一体，很是值得观看。

4.峨眉山朝山会：每年5月举办，以朝山拜佛和旅游观光为主要内容，并邀请海内外高僧大德举办一系列法会、庙会、开光、朝圣活动，祈福祝愿。

行程推荐 智慧旅游赛导游

峨眉山一日游：报国寺—接引殿—金顶—十方普贤圣像—华藏寺—万年寺—清音阁——线天—生态猴子区。

峨眉山两日游：D1：报国寺—清音阁—九老洞—洗象池，可直接从山脚下坐车到五显岗停车场，从清音阁开始徒步；D2：洗象池—雷洞坪—接引殿—金顶，徒步到接引殿后便有上金顶的缆车，如果很疲惫，可考虑乘缆车上金顶。

蜀南竹海
翠甲天下

微印象

@o自由o 蜀南竹海是个避暑的好地方，给人一种清新自然的感觉，特别是忘忧谷。一进入忘忧谷内人们就感觉忘却了一切烦恼，将所有的烦心事都抛在脑后。

@巴托里女爵 蜀南竹海是个很美的地方，让人感到身心愉悦，在那里看蓝天，看翠绿的竹海，无限舒适，让人沉醉无法自拔！

门票和开放时间
门票：旺季100元，淡季60元。
开放时间：9:00~18:00。

最佳旅游时间
竹海海拔高度在600~1000米，冬暖夏凉，十分宜人。一般每年3~10月为旅游旺季，尤以5~8月4个月是最佳的旅游时期。

进入景区交通
位置：宜宾市长宁县竹海镇。
交通：
1.班车：宜宾南岸汽车站有多趟前往长宁客运站的客车，到达后再包车前往景区。
成都新南门车站、成都客运总站、茶店子车站都有直达蜀南竹海景区的班车。
2.自驾车：成都至蜀南竹海约330千米，沿成都—重庆高速公路，途经龙泉、简阳、资阳、资中、内江。之后转道内江—宜宾高速公路，途经自贡市、宜宾市，需2~3小时。

景点星级
美丽★★★★　休闲★★★★　浪漫★★★　特色★★★　刺激★★　人文★★

川东南

蜀南竹海翠甲天下，7万余亩的楠竹覆盖了中心景区大小28座岭峦、500多个山丘，正因蜀南的山竹绵延起伏，面积之广足以冠上"竹海"之名。整个竹海呈"之"字形，东西宽、南北狭，山地是典型的丹霞地貌。林中溪流纵横，飞瀑高悬，湖泊如镜，泉水清澈甘冽，空气清新，郁香沁人，曲径通幽，把人引入一个神秘的世界。

竹海山清水秀，景色迷人，除了竹的海洋之外，山、林、洞、泉、瀑、湖俱全，此外还有仙寓洞、龙吟寺、天保寨、天皇寺等人文景观。

攻略

1. 景区可以进行漂流。竹海漂流起点位于竹海博物馆旁，终点位于小桥，漂流全长1518米。前半段为"休闲漂"，顺着小溪在竹林之间荡舟划水别有一番滋味；后半段为"刺激漂"，全程用时40~50分钟。

2. 竹海比较适合自驾游，自驾车进入景区需要多付10元进山费，景区内停车场不收费，但竹海里面没有加油站，务必提前加足油。

解说

1. 景区内天皇寺、天宝寨、仙寓洞、青龙湖、七彩飞瀑、古战场、观云亭、翡翠长廊、茶花山、花溪十三桥等景观被称为"竹海十佳"。

2. 竹海内动植物种类繁盛，仅竹类就有楠竹、人面竹、花竹、凹竹、算盘竹、慈竹、绵竹、香妃竹、罗汉竹等58种，另外林中还有竹箐鸡、竹猴、竹蛙等珍稀动物。

Follow Me 四川深度游

❶ 翡翠长廊

翡翠长廊位于竹海竹林深处，路面是由"色如渥丹、灿若明霞"的当地天然红色砂石铺成，两旁密集的老竹新篁拱列，遮天蔽日，红色地毯式的公路与绿色屏风式的楠竹交相辉映；加之这里的道路时起时伏，顶上两旁的修竹争向内倾，几乎拱合，长廊就更加显得幽深秀丽，从而成为蜀南竹海最具特色的标志性景观。

攻略

1.翡翠长廊前有个洞穴——仙寓洞，这里是观赏竹海的好地方，站在洞口眺望，只见万竹掀涛，竹海的奇特风光尽在眼底。

2.离仙寓洞不远有一天宝洞，这里有一条长达1500米的、开凿在悬崖峭壁上的古栈道，沿着栈道行走，真有腾空走壁之感。

点赞

👍 @倒霉熊 翠竹掩映，瀑布飞流，这里的美很难用几个字、几句话来形容。竹蛋、竹笋、竹燕窝、竹荪都是天然的美味。

👍 @三峡好人 景色实在太美了，走在里面把一切烦恼都忘记了。节假日时房间都很满，最好提前预订。游览竹海适合安排2~3天的行程。

❷ 忘忧谷

忘忧谷在一条狭长的山谷里，这里楠竹长得既密集又粗壮，翡翠般的竹林遮天蔽日，整个山谷更显幽深。游人走在蜿蜒盘曲的小径上，或躺卧在松软舒适的竹叶上，观山花翠竹，听瀑声鸟语，顿生超凡脱俗、飘飘欲仙之感。

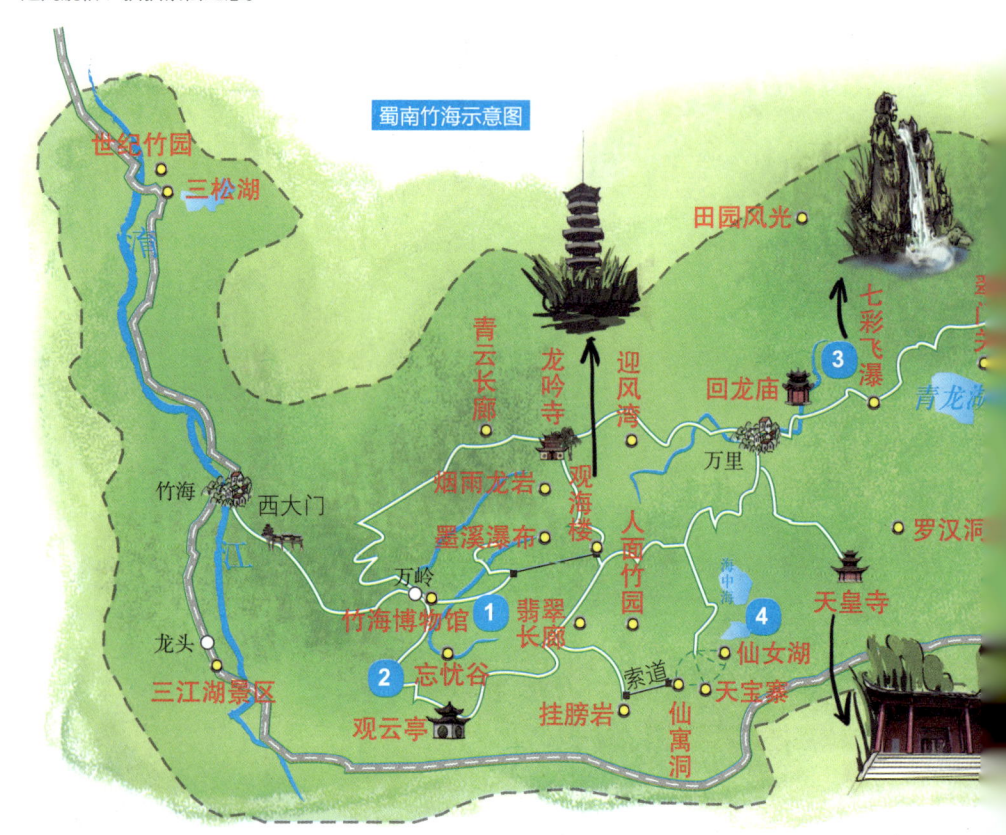

蜀南竹海示意图

川东南

攻略

1.忘忧谷和墨溪的交界处有一个竹海博物馆,是我国第一家"竹"专题博物馆,建筑是川南民居风格,可以前去一览。

2.天皇寺建在海拔1000多米的山巅上,视野十分开阔,是登高望远的好地方。

3.另一处观赏竹海的好地方是龙吟寺,它位于九龙山顶,距万岭乡不远。龙吟寺所处地势较高,站在这里不仅可以观赏茫茫竹海,而且还可远眺长江雄姿。

4.观海楼为竹海景区最高点,登上楼可以俯瞰整个蜀南竹海景区。旁边有索道可以直接到墨溪,然后可打车或乘观光车或者步行到达忘忧谷。

❸ 七彩飞瀑

七彩飞瀑又名落魂台,处在石鼓山和石锣山之间的葫芦谷中,山间数十条姿态各异的瀑布中,最为壮观的,当数七彩飞瀑。瀑布两侧,一为钟山,一为鼓山,据说夜深人静时,雄浑的水声会夹杂钟鼓之声。一旁的落魂台,巨石岌岌可危,令人惊心动魄;其上凌空建有小亭,瀑布上头还有石龙过江、孟获坟、古校场等景点,一湖碧水映蓝天翠竹,湖水的宁静,与瀑布的飞动相互映照。

小贴士

七彩瀑布一进门就是八卦广场,里面有一个路牌指引往左去七彩瀑布,这边其实把人导引到一个渡口,然后坐船才能过去。如果不想坐船可以在广场往右转,顺着路往前走不远,七彩飞瀑就可一览无余。

攻略

1.晴天正午,日光下澈,可见彩虹生于潭底。

2.七彩飞瀑东面是青龙湖,开车可达,适合夏日划船游玩。而后朝东直走,便可出大门离开蜀南竹海。

点赞 👍 @太子 里面很大很漂亮,遮天蔽日的竹子和透亮的溪水让人感觉非常凉爽非常放松,满眼的绿让人陶醉。

❹ 仙女湖

仙女湖位于仙寓洞的山顶上,湖水清澈碧绿,晨曦初升,夕阳西下,万道霞光中,仙女湖犹如一个金色的湖盆,壮丽辉煌;晨雾烟雨中,绿的山,翠的竹,又构成了一幅幅美丽的水彩画卷。夏秋时节,弹琴蛙在这里奏鸣,铮铮乐响,好似瑶筝仙女在鼓琴,给秀丽的竹海增添了几分雅意。

攻略

1.仙女湖距旅游集散中心万岭小桥12千米,与天宝寨、仙寓洞形成仙寓洞景区旅游环线。

2.竹海的仙女湖、海中海、青龙湖均有竹筏设施,夏秋时节,乘上楠竹扎的竹筏,荡舟湖心,绿竹倒映,天高云淡,心旷神怡。

193

Follow Me 四川深度游 攻略

景区交通 多种方式自由行

① 竹筏：蜀南竹海的仙女湖、海中海、青龙湖均有竹筏设施，价格为15元/小时。

② 索道：蜀南竹海索道有别于其他风景区的索道，是一条典型的观光索道，上起观海楼景区，下至墨溪景区，全长2742米，行程时间近30分钟，单程费用40元/人，往返55元/人。

住宿 驴友力荐的住宿地

蜀南竹海的住宿条件较为成熟，多在万岭镇上。类似农家乐的住宿地也很多，也有一条龙吃住的服务。

竹安隐民宿：位于蜀南竹海风景名胜区内，酒店设施齐备，可提供良好的服务。

竹海庭院：宾馆身处蜀南竹海腹地，为中国古典园林建筑，翠竹掩映，竹枝飘香，环境清幽。

美食 饕餮一族新发现

在蜀南竹海可以吃到很多地方特色小吃，如竹叶黄粑，由糯米加红糖制作而成，包在竹叶中，吃起来有清香之感。熊猫大餐是一种全竹宴，也是蜀南竹海独有的，和大熊猫吃的一样，竹花、竹荪、新笋等；竹花据说是竹燕窝；竹荪是菌类，口感味道都非常不错。

此外，当地的美食还有宜宾燃面、鸡丝豆腐脑、南溪豆腐干、竹筒黄酒、葡萄井凉糕、沙河豆腐、筠连水粉、竹荪炖鸡面、怪味鸡、蝶式腊猪头、琵琶冬腿、兰香斋熏肉等，无论是三四百元一桌的全竹宴还是消费不高的农家乐，都可以品尝到风味独佳的竹海腊肉、豆花等菜肴。

行程推荐 智慧旅游赛导游

蜀南竹海一日游：淯江—翡翠长廊—仙寓洞—索道—忘忧谷—竹海博物馆。

蜀南竹海二日游：第1天：淯江—竹海博物馆—忘忧谷—墨溪；第2天：索道—翡翠长廊—挂膀岩洞穴群—仙寓洞—天宝寨—七彩飞瀑。

石海洞乡
奇特的喀斯特地形聚集地

微印象

@Du舞 如此自然、如此美丽、如此毫不加修饰的石景，真是太漂亮了！

@少将很牛 非常宏伟、奇妙的一个地方，十年前去过，至今回忆起还意犹未尽，如果去四川旅游，没去过而又不讨厌喀斯特地形的，一定要去。

@天空 这里风景漂亮，溶洞有特色，冬暖夏凉，可以看到喀斯特全部地貌奇观，让人流连忘返。

门票和开放时间
门票：旺季80元，淡季40元。
开放时间：旺季8:30~17:30，淡季9:00~17:00。

最佳旅游时间
石海洞乡全年都可旅游，但游人最多的是5~10月，喜欢热闹的朋友可以选择此时间段前往。冬天也可以去石海洞乡，路况及景色并无太大差别。

进入景区交通
位置：宜宾市兴文县城南的兴堰、石林、周家、德胜、博望等乡境内。

交通：石海洞乡与蜀南竹海相邻，大多游客将竹海与石海作为一个整体（两地间有公路相通，车程约计1小时）来游览。如单去石海洞乡，可取道宜宾或泸州，两地每天均有多班客车至兴文县城，旅游中巴更可直达景区。此外，成都、宜宾、泸州、重庆与兴文县间有汽车定班行驶，县城至景区的公共汽车每日数十班。

景点星级
美丽★★★★　特色★★★★　人文★★★★　刺激★★★　浪漫★★★　休闲★★

Follow Me 四川深度游

因全县石林、溶洞遍及16个乡，古兴文县被称为"石海洞乡"。石海洞乡是四川喀斯特地貌发育最完善的地区之一，石林与竹海、恐龙、悬棺并列为川南四绝。

景区总面积126.4平方千米，由天泉洞中心景区、九丝山景区、大坝鲵源景区、周家沟溶洞景区组成，地上、地下均由石灰岩构成，分为石林、石海、溶洞3个部分。区内地表奇峰林立，千姿百态，地下溶洞纵横交错，洞重洞、洞托洞、洞穿洞，大小溶洞相互交错，构成庞大的地下溶洞群。

1 天泉洞

景区东门口是天泉洞，天泉洞形成于约300万年前，洞中只有一条主道，游走洞中绝对不会迷路。入洞先遇穹庐广厦，后进长廊石秀，廊道两旁都吊挂着形态各异的石钟乳，有些还在往下渗着水滴，安静时能听见清脆的滴水声。前方的仙人泉十分特别，泉水清澈，终年不绝。

长廊尽头有石阶向上延伸，平台处有大厅唤作云步通幽，上有石钟乳点点，好似繁星，脚下是危岩连叠，如身在半空。往南是百花奇观、古城废墟、千乳悬垂、瑶池仙境等景观。特别值得一提的是位于天泉洞中段的泻玉流光，这处景观所在的洞厅极大，洞顶椭圆，四周都是坑坑洼洼的岩壁。妙处在于顶部的天窗，洞外阳光由此射入，形成巨大光柱；一股清泉顺势洒落，与光柱交相辉映，如逢泉小，则滴水成雾，透过阳光，洒出一道七色彩虹。

攻略

1.仙人泉内有一群绝妙的"住客"，一旁光照映衬下，仔细往水中瞧，有一群不一般的鱼儿正游得欢畅，很小，却很灵动。这是一种珍稀的玻璃鱼，通体透明，连内脏都能瞧到，难得一见。

2.在溶洞中拍摄要注意让人物受光与背景一致，将光圈和快门速度调在闪光同步范围内，并同时调节闪光量。溶洞内湿度大，温度低，要注意相机防潮和结雾。

3.石林仙姿是天泉洞的精华所在，有巨蛙守洞、仙女迎宾、狮、熊、虎、豹等象形石，还有一个白石老人，非常神奇。

2 大漏斗

从天泉洞天窗往西沿洞阶而上可至天泉洞后厅天泉明宫，与天泉洞的后洞相连。后洞口出去就是被称为中国一绝的地质奇观——兴文大漏斗。

大漏斗又称天坑，呈椭圆形，长径650米，短径490米，深208米，纯属天打地造，绝无半点人工痕迹。绕到这漏斗的顶部，中藏深壑，四周为锯齿状绝壁环绕。绝壁中段有许多石穴，间有溶洞口；南壁中央有一条隙缝在两块钟乳石间，细细碎碎地渗着水珠，传说有女人喝了白日的水珠后飘然成仙，这景观也被唤作滴水成仙。

攻略

1.离大漏斗不远的山腰间有两块石头，大块的石头像一只憨态可掬的狗熊，小的那块像一只精悍灵性的乌龟，小小乌龟面对庞然大物的熊，并没退缩，昂头进攻，反而把狗熊搞得目瞪口呆，这就是龟熊石，又叫作"金龟戏狗熊"，堪称石海一绝。

2.绕大漏斗环线走一圈约需30分钟，漏斗四周有回应寺、红军岩、僰人石屋遗址等大小景点10余个。

川东南

3 地表石海

地表石海非常广阔，东起梅子坳，西至象鼻寺，绵亘达10余千米，南北宽约4千米。远望如茫茫大海，蔚然壮观；近看山峰兀立，怪石嶙峋：有一高一矮似夫妻携手的夫妻峰，有直插云天、宛如仙女的七女峰，有形态生动、浑身雪白的白龙马，有深情呼唤情人归来的天涯望归人。

攻略

1.景区入口处有兴文地质博物馆，再进去还有一个所谓的"苗王宫"，实际上是个人造苗寨，没什么看点。

2.兴文县城西南苏麻湾，有古代人悬棺，亦值得一游。

故事　迎宾石的传说

在景区公路的一处弯道旁，巍然屹立着一尊高33米、上大下小的圆柱状孤石，它在恭敬地欢迎大家的光临，所以叫作"迎宾石"。传说这是龙王三太子的镇海神塔变的。

据传，亿万年以前还是一片汪洋大海的石海洞乡原是东海龙王水域，有一年8月16日东海龙王举行七十寿宴，派巡海大将率虾兵蟹将去迎接四海龙王和众亲友参加寿庆。巡海大将路过神州大地时被美景所诱惑，便偷偷溜出来欣赏美景，并因此违背了龙宫中的清规戒律。

于是，龙王三太子便拿着镇海神塔，率领水族士兵前来捉拿。他们在石海洞乡丛林中厮杀了360个回合，三太子招架不住，便将镇海神塔向巡海大将兜头砸来，将其砸成肉泥，"镇海神塔"也随之陷入土里，化作一根石柱——迎宾石。

石海洞乡示意图

197

Follow Me 四川深度游

❹ 九丝山

九丝山山高而险，四面峭壁，传说以丝围之，约重九两，故名。又说，都掌人氏族纷繁，其姓有九，号为九丝。景区的主要景点有九丝山、九丝飞瀑、玉屏山、飞来山、文印山、雷泡井等。九丝瀑布在九丝城东北大寨门外，瀑布高悬绝壁，拉成长练，数里可见；玉屏山与九丝山相对峙，登顶一望，众山朝拱，俯视一切；飞来山在建武城西，昔人常登临观日，传有"小峨眉"雅称；文印山在建武城东，矗立如大印，气势磅礴；雷泡井在建武城南，井水晶莹碧绿，味甘美，用以烹茶，沁人心肺，素有"雷泡井中水，鹿鸣山上茶"之誉。

❺ 大坝鲵源景区

大坝鲵源主要包括小鱼洞、大鱼洞、朝阳洞、洞河、沙沟一线天和马踏井几处景点。

小鱼洞沿河茂林修竹，郁郁葱葱，弯曲的河里长着嫩绿茂密的鱼藻铺覆河底，鱼儿在水里自由地游弋，把小鱼洞装点得越发迷人，令人流连忘返。

朝阳洞位于大坝鲵源景区北侧约1千米，系喀斯特岩溶溶洞，结构分为3层，洞内布满了石笋、钟乳石、龙头、玉笋、蘑菇，千姿百态，美不胜收。沙沟一线天是一条典型的喀斯特地貌大峡谷，谷壁树多倒悬，勾藤满树枝，谷中绿苔点染，灌木丛生，花舞岩前难攀折，花草清香风远播，石乳岩悬成万状，邃洞幽深到处连。

攻略

沙沟一线天在通往僰人悬棺的旅游线上，是旅游线上的一处天然胜景，北京电影制片厂也曾经在这里取景。

点赞 👍 @五克拉 景区人很少，气候非常宜人，像仙人住的地方一样！不虚此行。

川东南

❻ 周家溶洞景区

周家溶洞景区有神风洞、神龙洞、神烟洞3处景点。神龙洞由两个廊道夹一个厅堂构成，洞中石柱、石钟乳、石帘等随处皆是，后廊道进入厅堂之口部，石帘将各石柱相连，洞道被遮掩大半；另有形色美丽之石花，造型逼真的"玉米堆"等均装点着整个洞道。

神烟洞最神奇莫测，常年烟雾缭绕，烟雾涌出洞口，或飘浮滚动，如惊涛巨浪；或冉冉升起，形成五彩云霞，气象万千。洞中阴森，寒气逼人，洞内石柱、石笋、石钟乳星罗棋布。洞道迂回曲折，扑朔迷离，犹如"八阵图"，人多望而却步，故非勇者不敢入内。

攻略

1. 洞口西侧一长约30米的盲洞，其洞壁水母状石钟乳与石帷幕十分典型而又绚丽壮观，为教学、旅游最佳景点之一。洞内景观可与神话中的东海龙宫媲美。
2. 农历正月初一至十五或者端午节前后的日子，兴文县当地的苗族人会举办花山节活动，届时能欣赏到一系列的风俗风情活动，如苗族对唱古歌、跳芦笙舞、竞技表演、交流情感等。

攻 略

美食 饕餮一族新发现

石海洞乡景区出口处就有几家宾馆可以住宿，价格也不贵，非常方便。还可以返回兴文县城住宿，县城有许多宾馆可选。

兴文人对吃的十分讲究，所以文兴县内有许多别致的美食，如清真炖黄羊：鲜鱼同羊肉一起炖，味道尽其鲜美。乌骨鸡是兴文纯天然生态特色产品，以乌鸡为原料的美食有方笋乌鸡、苦笋乌鸡、板栗乌鸡、药膳乌鸡、芋儿乌鸡等近20种，其中以乌鸡全席最负盛名。此外，鸡丝豆腐也是入口即化，令人回味无穷。

行程推荐 智慧旅游赛导游

石海洞乡一日游路线：景区入口—兴文地质博物馆—地表石林—八戒求亲石—夫妻峰—金龟戏狗熊—兴文大漏斗—地下溶洞—天泉洞。可以乘坐景区观光车游览，参观地下溶洞时可以乘电梯下去，游览完毕后可以乘船出洞。

199

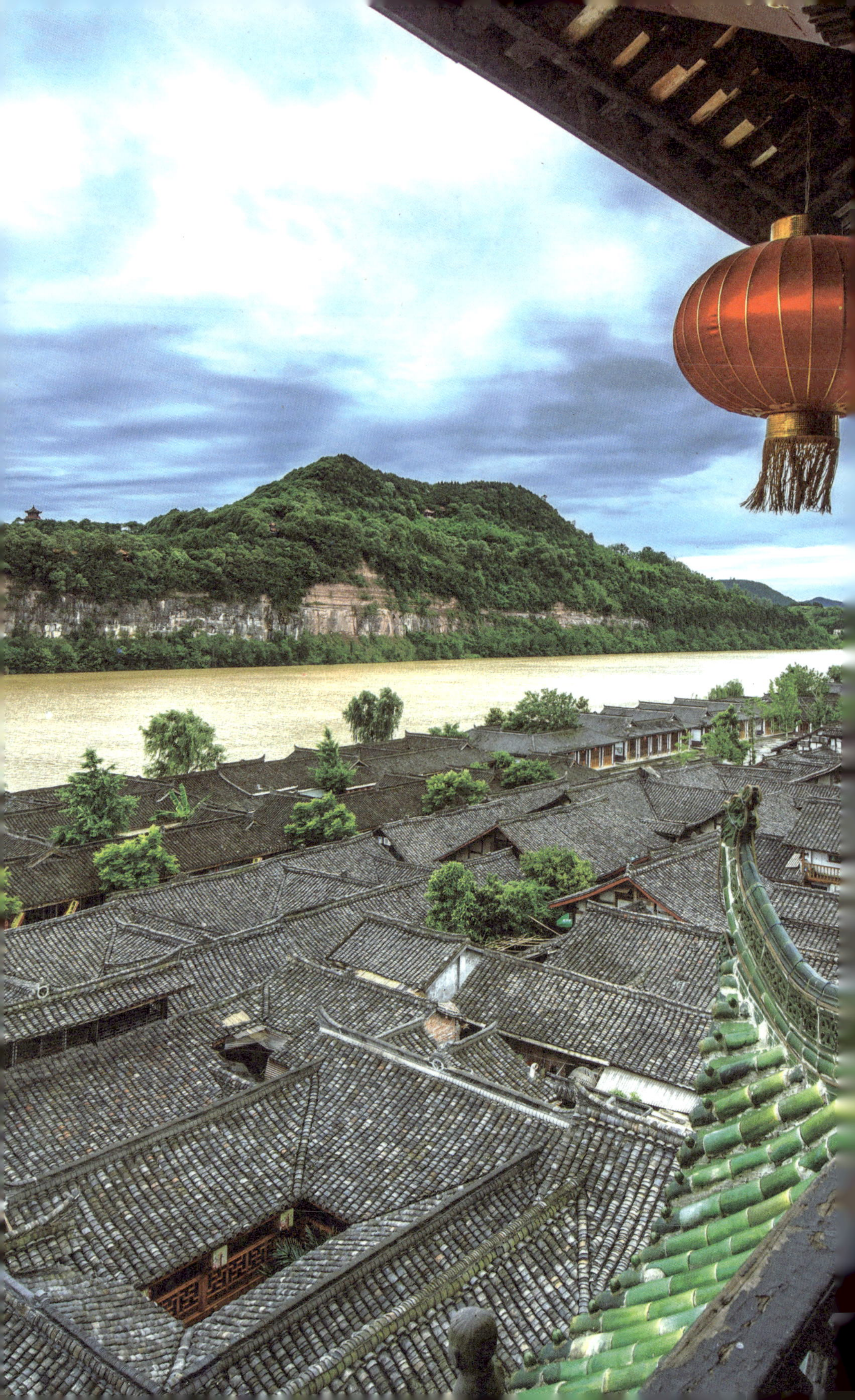

第7章
川东北

剑门蜀道
光雾山
阆中古城

剑门蜀道

蜀道难 难于上青天

微印象

@湘楚人士 李白一句"蜀道难，难于上青天"让这里扬名天下，数百里古蜀道上峰峦叠嶂，峭壁摩云，漂亮而奇险，喜欢刺激的朋友，一定要来感受一下什么是艰难险阻。

@美丽人生yy 伫立在剑门关前，脚下就是诗仙李白慨叹"危乎高哉，蜀道之难，难于上青天！"的剑门蜀道，自己仿佛就像小说中的人物一样！

门票和开放时间
门票：剑门关105元，翠云廊40元，剑门关+翠云廊通票110元。
开放时间：1月至3月、11月至12月8:30~17:30，4月至10月8:00~18:30。

最佳旅游时间
剑门蜀道四季均适合观光。春日百花香飘，夏可避暑纳凉，秋赏山气环绕，冬观白雪萧萧。

进入景区交通
位置：广元市剑阁县剑门镇。
交通：广元上西坝火车站嘉龙宾馆门口，乘坐剑门关直通车，每天早上8:00发车，直达剑门关景区，游览完剑门关，可再坐本次直通车到翠云廊景区，下午返回市区16:00左右。

景点星级
刺激★★★ 人文★★★★ 浪漫★★★★ 美丽★★★ 特色★★★ 休闲★★

川东北

剑门蜀道因一千年前诗仙李白的"蜀道难，难于上青天"得以名扬天下。古蜀道以剑阁古城为中心，北至朝天区朝天镇朝天峡（又名明月峡），南至绵阳市梓潼县演武镇，全程200多千米。沿线三国文化深厚，庞统、蒋琬、姜维、邓艾、马超、鲍三娘等在此留下了精彩的故事。

"蜀道"中分布着众多的名胜古迹，有朝天关栈道、三国古战场遗迹、武则天庙皇泽寺、唐宋石刻千佛岩、剑门关、古驿道、翠云廊、七曲山大庙、李白故居等。

解说

广义上讲，蜀道包括了几组不同的古道：穿越大巴山的金牛道、米仓道和荔枝道，穿越秦岭的子午道、陈仓道、褒斜道和傥骆道，以及穿越摩天岭的阴平道。我们通常游览的是狭义的古蜀道，金牛道是其中的主干线。

❶ 七曲山大庙

七曲山大庙以"东倚梓林，西枕潼水"而得名，是古蜀道南端的一颗耀眼明珠。全县景点众多，尤以七曲山为胜。七曲山大庙相传为晋人张亚子的祀庙，历经1000余载，今存楼阁寺殿集元、明、清三代建筑之精华。景区古柏苍翠，遮天蔽日，一派萧然之意。

攻略

七曲山大庙的"应梦仙台"相传是唐明皇得梦之所。此外，卧龙山千佛岩、汉阙上亭驿剑泉、司马长卿石室等处均为难得一见的古迹。

❷ 翠云廊

翠云廊是古蜀道上保存比较完好的路段。翠云廊以剑阁为中心，西至梓潼，北到昭化，南下阆中，三条路蜿蜒150千米，全是林荫道，号称"三百长程十万树"。两边树木均为柏树，经过历朝历代无数劫难，留存至今的古柏还有8000多株，最大的须8人合围，小的也要3至4人方可抱拢。

攻略

1.游人可乘坐广元经剑阁县城、剑门关到普安的长途汽车，经过翠云廊景区门口时下车。游览完后可在路边等车回广元，也可继续去剑门关、剑阁县或继续往南去普安镇。

2.据传，这些古柏是三国时张飞镇守阆中时种植的，共有10万多株，所以又叫"张飞柏"。

Follow Me 四川深度游

❸ 剑门关

剑门关位于景区中段，是蜀道上最重要的关隘。这里山脉东西横亘百余公里，72峰绵延起伏，形若利剑，直插霄汉。连山绝壁，独路如门，素有"剑门天下雄"之说。进入关内长约500米的幽深峡谷中，可见前人留下的"天下雄关""第一关""剑阁七十二峰"等碑刻。新建的剑门关楼雄踞关口，气势恢宏。附近山峦绵亘，植被葱茏，景色秀丽。

点赞

👍 @杜三娘 一直向往"一夫当关，万夫莫开"的剑门关，去了之后果然没有让我失望：不愧为天下雄关，两侧断崖峭壁，峰峦似剑！

👍 @芙蓉哥哥 走在古蜀道上，看着脚下的悬崖峭壁，真有"一夫当关万夫莫开"的气势！

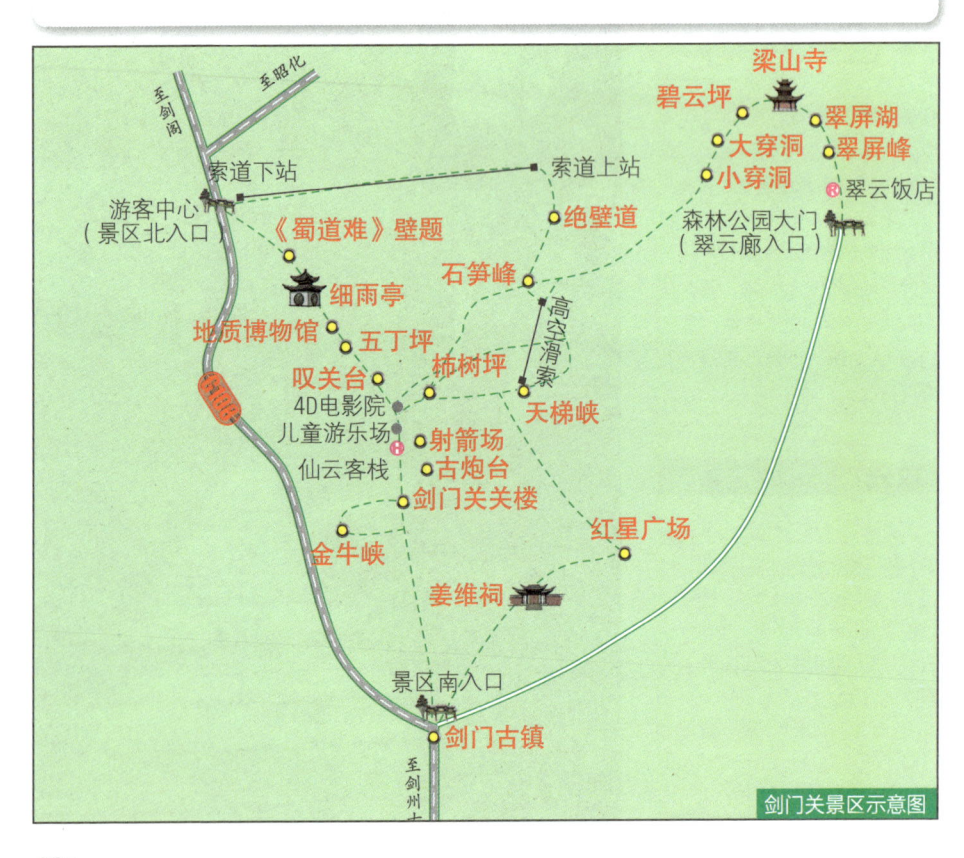

剑门关景区示意图

川东北

攻略

1.在秋高气爽的好天气，可以尝试一下逆光拍摄古蜀道石壁，照片或许有意想不到的灵气。从山顶处俯拍景色，很是大气。

2.整个剑门关景区横贯百余千米，包括剑山七十二峰，但一般游人参观的范围并不大，主要景点有剑门关楼、古栈道、梁山寺、经皇洞、姜维城、姜公祠等。

3.剑门关内可以乘坐索道上山，单程50元，往返70元。还可以在翠屏湖乘坐游船游览景区。

❹ 皇泽寺—千佛崖

皇泽寺位于广元市西，是中国唯一的女皇帝武则天的祀庙。今寺为清代建筑，有大佛楼、则天殿、小南海、五佛亭、吕祖阁等，则天殿有武则天石刻坐像一尊。中层石窟保存着南北朝、隋、唐、宋时期造像1203尊，飞天起舞，神态各异，堪称古代造像艺术精品。

千佛崖与皇泽寺隔江相望，是四川境内规模最大的石窟群。摩崖造像始于北魏时期，现存龛窟400多个及大小造像7000多躯，颇有敦煌莫高窟的气势。大云洞居于千佛崖中心位置，规模最大，共计造像234尊，左右两壁雕有148尊莲花观音像，窟正中一大佛立像为弥勒佛，据说该尊弥勒佛是武则天的化身像。

链接　千佛崖建造缘由

唐天授元年（690年），武则天正式登基时，白马寺法明和尚薛怀义等12名和尚为迎合武则天当皇帝的需要，撰写《大云经》呈武则天，称武则天是弥勒佛降生，应代替李唐做皇帝。武则天看后大喜，亲笔作序，颁布于天下，且令各州要营州，当地百姓就在千佛崖造大云洞，并且刻了这尊弥勒佛立像和后壁龛中二圣——高宗李治、武则天。按中国传统应男左女右，而该二圣的排列是女左男右，佛龛男高女低，这体现出设计者的巧妙构思。

❺ 明月峡栈道

明月峡古栈道又称阁道，位于广元城北25千米朝天镇南北的明月峡和清风峡中，濒嘉陵江东岸峭壁上，是古代四川与陕西之间开凿的水栈遗迹。明月峡栈道开凿年代为战国至宋代，最早的距今已有2300多年历史，国内专家称其为"与长城、运河相媲美的三大古代杰出建筑"。

攻略

1.这里并行着6条不同年代修建的入川之路，分别是鸟道、纤夫道、栈道、嘉陵江航道、川陕公路以及宝成铁路。

2.现在的栈道均为后来仿造的，唯一留存千年的遗迹是岩壁上开凿出的方形石槽，栈道木桩就固定在这些石槽之上。

点赞　👍 @我爱travel 上下五千年的中国道路交通尽收眼底，一览无余，是中国古今道路交通最集中、时间跨度最大、保存最完整的地方，故被誉为"中国古今道路博物馆"，具有很高的考查研究价值。

205

Follow Me 四川深度游 攻略

住宿　驴友力荐的住宿地

古蜀道一路上酒店众多，住宿条件尚可。

梓潼县宾馆较少，可去距县城约10千米的七曲山大庙住宿，当地有不少的宾馆，比如七曲大酒店，是一家庭院式宾馆，但价格稍贵，每逢节假日要提前预订，因为大庙的香火相当旺盛，去的人很多。

剑门关国际温泉大酒店、蜀门客栈、姜太公客栈、青柠小舍、山旮旯客栈、濛朵小舍民宿、悦榕山庄等条件也不错。

美食　饕餮一族新发现

剑门豆腐以"白、细、韧、香"四大特点出名，代表菜有灯笼豆腐、怀胎豆腐、草船偷箭、水淹七军、八阵图等。剑门火腿也是剑阁县城一大特色。

剑门关豆腐干：剑门关豆腐干中以志公寺豆腐干和马和尚豆腐干最为出名，志公寺豆腐干发源于东汉末年，由梁武皇帝和得道高僧志公长老发明制作，并由刘备御封为"皇豆腐"。马和尚豆腐干被称为"剑门素火腿"，其主要特色是麻、辣、香三味合一，营养丰富，口感细腻，久久回香。

剑门火腿：剑阁县地方名产，色泽金黄，肉质干爽，富有弹性，其味清香纯正，咸淡可口，肥不腻口。

到了广元，女皇蒸凉面是一定要尝的，广元境内盛产竹荪和黑木耳，番茄竹荪、竹荪山菌汤、泡椒黑木耳、木耳炒肉等菜品也很有特色。

行程推荐　智慧旅游赛导游

游览剑门蜀道，可在广元站下车，然后沿川陕公路进行游览。在广元市游览一天后，乘车至剑门关，游览剑门关后，乘车过"翠云廊"，车行30千米到达剑阁，住剑阁。第三天从剑阁出发，途中经梓潼游览文昌宫后去绵阳，路程共127千米。在游览汉平阳府君阙和西山后夜宿绵阳，结束剑门蜀道之游。

光雾山
巴山红叶正当时

微印象

@匿名 光雾山风景如画，一年四季的景色各有不同，真的很美！

@到处游荡 光雾山是看红叶的绝好去处，非常壮观有形，一路上山水相依，非常漂亮，夏天还可以溯溪而上，又是个避暑的好地方。

门票和开放时间
门票：80元，观光车40元。
开放时间：旺季8:00~18:00，淡季8:30~17:00。

最佳旅游时间
深秋时节是光雾山观赏红叶的最佳季节（通常情况下，每年的10月25日前后是观赏红叶的最佳时间），浩瀚的光雾山林海中，山山岭岭，千沟万壑，已是满山红叶了。

进入景区交通
位置：巴中市南江县光雾山镇，距陕西汉中地区较近。

交通：

1.班车：汉中高铁站和汽车站都有到光雾山景区的班车，参考票价为68元，也可以先乘火车到南江县，然后再包车或乘班车前往光雾山。

2.自驾车：光雾山景区距西安、成都、重庆均400余千米。西安自驾车到光雾山需5个半小时，成都到光雾山需5小时，汉中到光雾山需1小时。

景点星级
美丽★★★★　休闲★★★　浪漫★★★　特色★★★　刺激★★　人文★★

Follow Me 四川深度游

光雾山地处川陕交界处，桃园南，顶峰三尖二缺，平缓变化，远观似卧佛，因常年云雾缭绕而得名。景区由桃园、大坝、十八月潭3个相互毗邻又相对独立的景区构成，含焦家河、韩溪河、燕子岩、普陀山、万字格、香炉山、黑熊沟、大小兰沟、巴山珍稀植物园、天然画廊、龙形山坝、十八月潭等360多个景点。

攻略	景区里程表

陈家山—光雾山镇（13千米）—铁炉坝（10千米）—天然画廊（14千米）—大坝（8千米），大坝—大小兰沟（7千米），大坝—黑熊沟（3千米）—香炉山（11千米）。

每年的金秋十月，光雾山就成了一个红彤彤的世界，红叶千里，层林尽染。山中其他植物更如已经搭配好色调一般，各自演化颜色，更给光雾山添上一层震撼人心的迷人神韵。正所谓，巴山一夜风，木叶映天红；色比桃花艳，秋如春意浓！

链接	光雾山与阿房宫

据《南江县志》记载，光雾山古时叫"光木山"。秦统一中国后，川陕相连的大小巴山是修建阿房宫建筑用材的重要来源地之一。故杜牧《阿房宫赋》中说："蜀山兀，阿房出。"为修阿房宫，山都砍光了，所以当地人把"光木山"改称为"光秃山"，四川话"秃兀"区分模糊，谐音"光雾山"。

❶ 十八月潭景区

"月潭赛九寨，红叶天下绝"的十八月潭森林茂密，瀑潭众多，环境幽静，被称为"川东北的九寨"，主要有九角山、玉印台、十八月潭十九瀑等景点。

玉印台位于十八月潭腹心地，峰峦叠嶂，烟波浩渺，红叶映天。位于景区东北方向的九角山因相互拱卫的九座山峰而得名，九角山重峦叠嶂，峰回路转，颇为壮观。一到秋天，层林尽染，万山红遍；山顶上一株极为怪异的"夫妻树"，形似恩爱夫妻，令人叫绝。

小贴士

在十八月潭拍摄时要注意时间，山里只要太阳一下山就会很快天黑，山上林间全是小路，看不见时很容易迷路，建议带上手电筒，以备万一。

攻略

1. 十八月潭这条沟比较长，但最漂亮的景致都分布在上面沟口到盆景滩的路段上。陈家山—玉印台—九角山—十八月潭这一线，路上山林、瀑布密布，早上的阳光打在树叶上，金光灿烂，非常适合拍摄。

2. 光雾山拍红叶的重点主要是十八月潭和黑熊沟，它们一个大气，一个精致。日程紧张的摄友建议集中在十八月潭和黑熊沟这两处拍摄，足够拍出好照片了。

❷ 大坝景区

大坝景区沿途主要有铁炉坝生态观光园、巴山游击队纪念馆、贾郭山、天然画廊、牟阳故城、温带珍稀植物园、黑熊沟、香炉山、大小兰沟等景点。此处红叶是一日一色，一步一景，红得风韵特别，红得多姿多彩，红出了"丹枫烂漫锦装城，要与春花斗眼明"的奇妙佳境，被誉为"天下红叶第一山"。

点赞

👍 @游摄天下　大坝景区内的黑熊沟绝对是摄友们的拍摄天堂，行走在蜿蜒的红叶林海之间，犹如进入了红色的童话世界！

👍 @有一种流行叫经典　11月份去的光雾山，正值满山红叶，层林尽染，随手一拍都是一张明信片！

川东北

攻略

1. 游览大坝景区必须搭乘景区观光车，观光车沿途设有站点，招手即停，班次很多，还配有导游讲解。
2. 光雾山比较有名的景点，如香炉山、黑熊沟、大小兰沟等都在大坝景区内的大坝林场（牟阳故城）附近。
3. 黑熊沟不长，大约2千米，小而精致，建议摄友从上而下、从下而上多走几个来回，仔细观察变换视角、用心构图，定有收获。

③ 桃园景区

桃园景区由焦家河、燕子岩、寒溪峡组成。焦家河两岸绝壁如画，伟岸奇丽；燕子岩奇峰林立，满目奇观，苍松翠柏，郁郁葱葱；寒溪峡斗折蛇行，流金泻玉，植被茂盛，清冽幽深，米仓古道蜿蜒于幽谷之中，留下许多历史足迹。

小贴士

1. 桃园景区就在光雾山镇，但不允许自驾车进入，车要停在停车场，然后换乘景区车辆游览景区。
2. 山上气候变化无常，游人到此，不能高声叫喊，否则顿时大雨瓢泼。

攻略

1. 光雾山镇上有桃园景区的入口。从镇上到陈家山垭口大约有10千米的路程，是光雾山的景观大道，沿途山谷满是红叶，是拍照的最佳地点之一。
2. 在光雾山观日、观云、观雾是最好的享受，除此之外，避暑、赏花、赏雪、探险也很不错，还可到原始森林去领略各种野趣。"峰奇""石怪""谷幽""水秀""山绿"是山中五绝。
3. 光雾山观赏红叶的时间大约为每年的10月中旬至11月中旬，景区内不同区域红叶红的时间也不同，因此各时间段去都有合适的拍摄点。一般来说，香炉山、黑熊沟的红叶红得比较早，而大小兰沟、天然画廊、景观大道的红叶红的时间比较晚。

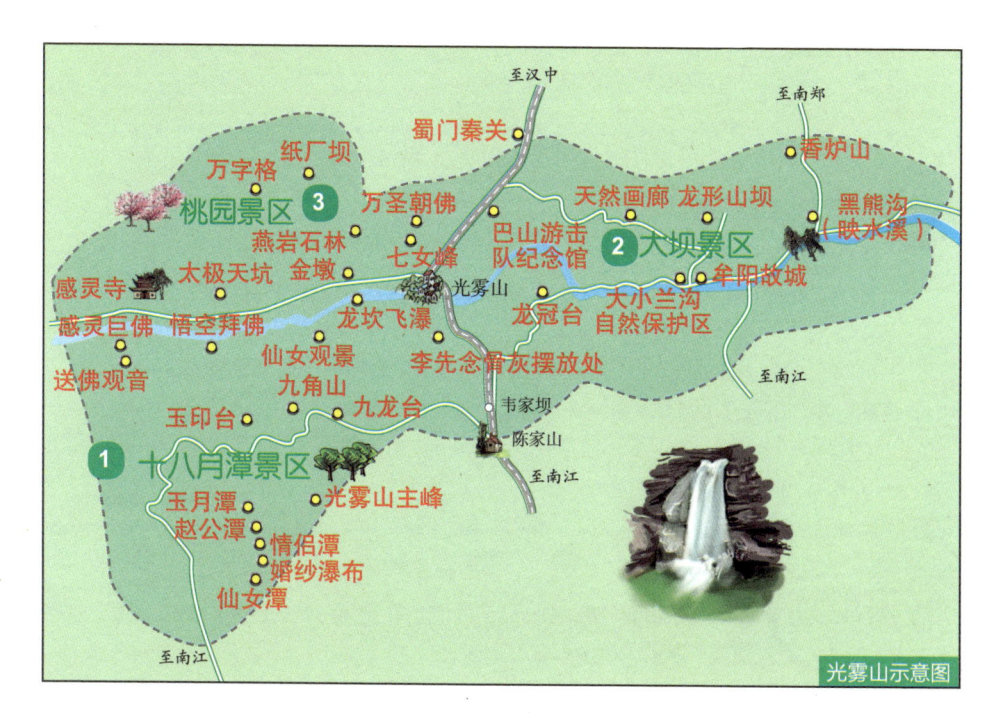

光雾山示意图

209

Follow Me 四川深度游

攻略

景区交通　多种方式自由行

❶ **景区观光车**：景区内有观光车可到达各个景区景点，桃园景区到大坝景区31千米，需乘车1.5小时；桃园景区到十八月潭60千米，需2.5小时；大坝景区到十八月潭75千米，需3.5小时。

❷ **徒步**：景区内有两条步行道，一处在两河口，沿着岔路走上去是古米仓栈道；另一条路在桃花山庄分叉通往七女峰，一般游客走完需要6~8个小时。

住宿　驴友力荐的住宿地

光雾山镇较为有名的酒店有光雾山名人度假酒店和红叶山庄。大坝林场里也散落着二三十户农家乐档次的旅店和餐馆，可夜宿于此，次日清早去香炉山看日出。

美食　饕餮一族新发现

景区的特色美食有：南江黄羊滋补汤锅、烤全羊、光雾山豆腐干、木叶面鱼、鱼辣子、酸水豆腐、山野菜（凉拌竹节菜、凉拌石头菜、凉拌蕨菜、竹笋类、蕨菜类、山野菌类）、腊猪蹄炖竹笋、肉和尚等，在南江县或光雾山都可吃到。

行程推荐　智慧旅游赛导游

光雾山三日游路线：

D1：光雾山镇—桃花山庄—三道关—燕子岭—樱桃峡谷—截贤驿—两河口—感灵寺（住光雾山镇）。

D2：光雾山镇—铁炉坝生态观光园—天然画廊—牟阳故城—巴山珍稀植物园—黑熊沟—香炉山—大小兰沟—大坝（住大坝）。

D3：大坝—魏家坝—陈家山—九角山—玉印台—十八月潭—杨坝—南江（住县城或返回光雾山镇）。

特别提示

在10月中旬以后的1个月内，光雾山都属于热门景区，进去之前最好提前预订好酒店，以免到了之后没地方住。

阆中古城
保存完好的"风水古城"

微印象

@纪念 古城四面环山，三面环水，很漂亮，很多古老的东西都被保存下来了，不愧为"阆中山水甲天下"。

@唐诗 古城内的安静生活未曾打破，有的是一种人们向往的宁静，没有熙熙攘攘的人群，少了路边的叫卖，只有闲适的人们，是一处适合我们生活的地方。

@粉粉圆 嘉陵江水围绕着阆中古城，远远看去真的是一幅很美的画卷，青山绿水小城的感觉。

门票和开放时间
门票：张飞庙、贡院、文庙等景点联票110元。
开放时间：1月至4月9:00~18:00，5月至12月8:30~18:30。

最佳旅游时间
阆中春季花明，夏日风清，秋熟香溢，一年四季均适合旅游。

进入景区交通
位置：南充阆中市城区南侧，距南充市区138千米。
交通：
1.成都—阆中：成都北门车站有多趟前往阆中客运中心的班车，参考票价94元。
2.南充—阆中：南充城北汽车站18:40有一趟前往城北汽车站的班车，参考票价38元。

景点星级
美丽★★★★　特色★★★★★　休闲★★★★　人文★★★★★　浪漫★★★　刺激★★

211

Follow Me 四川深度游

  阆中古城位于阆中新城的旁边，嘉陵江中游，号称全国四大古城之一（另外三处是云南丽江、山西平遥、安徽歙县），而且是保存最完整的古城。古城山锁四周，水绕三面，契合中国传统的风水格局，至善至美，自然天成，是当今保存最完好的一座"风水古城"。

  "秦砖汉瓦魂，唐宋格局明清貌；京院苏园韵，川渝灵性巴阆风。"这副对联完整地概括了阆中古城的特点和历史风韵。历史给予了阆中丰厚的馈赠，留下了灿烂辉煌的文化和近200多处名胜古迹，至今闪烁着夺目的光彩。

亲子研学

阆中——中国春节源头

  西汉天文学家、历算学家阆中人落下闳编制《太初历》，把正月定为岁首，确定正月初一为新年的第一天，从此有了现在的"春节"，落下闳被尊称为"中国春节老人"，阆中也成为中国春节的源头。阆中春节文化氛围浓厚，整个春节从前一年的腊月初八一直持续到新年的二月二，"腊八粥""燃天煌""抢银（寅）水""亮花鞋""烧火舞龙""游百病"等民俗流传至今，独具特色。

阆中古城示意图

212

川东北

❶ 华光楼

华光楼又名南楼、镇江楼，在东大街的尽头，是古城的地标，目前也是当地居民的过街门楼。现存门楼为清同治六年（1867年）重建，楼身建于5米高的石砌台基上，通高36米，三重檐歇山式屋顶，挺拔壮丽，精致典雅，唐风清韵，独具特色，有"阆苑第一楼"之誉，傍晚登高看古城和嘉陵江，别有一番韵味。

❷ 川北贡院

川北贡院位于城内学道街上，是科举时代仕子应试的考场。原由山门、廊道、考房、大殿、二殿、后殿和考生宿房组成，现存有卷棚式廊道，纵横共长50多米，廊道两旁的木栏上带有飞仙椅。左右有两排考室，各室相隔，饰以雕花，至今保护较好，是全国仅存的两处考棚之一。

攻略

1. 古代考试时按天、地、玄、黄编号，每间号房有进出小门一道。与大门相对的正厅是一楼一底的殿堂，是考官唱名、发卷、监考的地方。庭院中是十字形走廊，走廊两边栏杆带靠背木椅，供考生休息候点。

2. 从状元坊进入古城的时候有条武庙街，这里是"旅游商品一条街"，各种各样的旅游商品店一家挨一家，既有厂家专卖店，也有综合性的商店，想买"阆中四绝"（即保宁醋、张飞牛肉、白糖蒸馍、保宁压酒），无疑这条街是最好的选择。

3. 阆中民俗文化多姿多彩，有打钱棍、花灯戏、太平牛灯、剪纸、川北皮影、阆中傩戏、山歌调、打夯歌、川剧座唱、茶馆评书等各色民俗，值得体验。

❸ 汉桓侯祠

汉桓侯祠俗称张飞庙，张飞曾在阆中驻守7年，55岁时被两位部将谋杀，葬身阆中。现存的桓侯祠为明清时重建的四合庭院式古建筑群，由南向北主要由山门、敌万楼、左右牌坊、东西厢房、大殿、后殿、墓亭、墓冢组成，为三国文化的一大胜迹。

攻略

1. 大门正中檐下悬挂的"汉桓侯祠"4字大匾为著名书法家赵朴初所书。

2. 穿过敌万楼后有一个30多平方米的小广场，拾级而上大殿内有张飞塑像，塑像头戴王冠，手捧玉笏，竖眉瞪目，不怒而威。

3. 状元坊是古城的主要入口，古城内街道布局基本呈东西或南北走向，多数十字路口都有清晰的导览图指示牌，所以不容易迷路。

Follow Me 四川深度游

点赞

👍 @贝可安 古城的青砖绿瓦总是能拖慢时间的脚步，哪怕只是随意地伸个懒腰，也变得惬意无比。古城的日，喧嚣热闹；古城的夜，静谧安定。

👍 @斜月三星 离开都市的喧嚣，投入大自然的怀抱，凝望如画的风景，感受三国的气息，这是对阆中最好的描述！

④ 锦屏山风景区

锦屏山位于阆中古城南郊，因"花木错杂似锦，两峰连列如屏"，故人们通常都叫锦屏山。经千余年装点润饰，锦屏山更加绚丽多姿，素有"阆苑仙境"和"嘉陵第一江山"之美誉。唐朝曾在此建有玛瑙寺、杜陵祠、锦屏书院；明代又增建了望江楼等7座楼阁以及吕祖殿、观音殿、武侯祠、飞仙洞等庙宇僧舍，汇儒、释、道于一山。杜甫、李商隐、吴道子、陆游等诗人画家相继到锦屏写诗作画，抒发情怀。

攻略

1. 锦屏山以纪念西汉天文学家落下闳而建的魁星楼显名，山上还有一些古式建筑，推荐傍晚从这里眺望古城，宁静而神秘。

2. 从古城过江去锦屏山玩，可以坐公交车，也可以坐杜家客栈前的码头轮渡过去，仅需1元，但是船并不多，最好在张飞大道乘1路公共汽车在锦屏山站下车，右拐走5分钟便到。

⑤ 巴巴寺

巴巴寺位于阆中市城区东北郊蟠龙山南麓。巴巴寺，又名"久照亭"，巴巴，即阿拉伯语"祖先"之意。该寺至今已有300多年的历史。巴巴寺由山门、照壁、牌坊、大殿、花厅、井亭和园林组成。

攻略

1. 进寺门便见建于清乾隆年间的砖雕水磨照壁，长约10米，高约6米，上为歇山式屋顶，檐下为砖仿木斗拱，壁身饰有浮雕、圆雕、镂空雕等技法的花卉、林木、竹菊和山水亭阁，堪称一绝，虽历经三百余年风风雨雨，仍完好无损。

2. 大殿为寺内主体建筑，是阿卜杜拉希的墓室。墓室非常特别，墓棺悬于室内水井（泉眼）之上。寺顶为四脊攒尖头盔式圆顶，如若苍穹。门窗、栋壁、顶楣雕琢精美、彩绘贴金。

3. 大殿后为花厅，辟有画堂，古朴明洁，藏有许多碑匾字画，多为明清大家书画。

川东北

❻ 东山园林

东山园林位于阆中七里经济开发区，与阆中主城区仅一江之隔。其间林木幽深、高山飞瀑、小桥流水，是人们游览休憩的好去处。

唐代大佛寺位于东山园林的半山腰，其摩崖大佛为弥勒坐像，高约10米，是四川十大坐像之一。摩崖大佛由三重檐楼遮护，称为大佛寺，又名大像寺。

在大佛身后有4700多个10厘米高的小佛，排列整齐，刻工精细，全国罕见。此外，摩崖尚有唐、宋、元、明、清各代碑刻30余处，石刻造像5尊，石刻经幢1处。

链接

据崖龛内壁刻记的《东山大像精舍何居士记》记载：大佛像是唐代一名姓何名寿松的居士，花了20多年工夫凿成的，凿成的时间在唐宪宗元和四年（809年）。

专题　阆中古城的春节

在阆中，伏羲被尊为年神。春节期间要结伴到二交寺、长青寺、武庙三圣殿拜祭年神伏羲。阆中人过春节，从腊月初八吃"腊八粥"开始，便有了"年味"，于是家家户户杀年猪、备年货，并有一系列的传统活动，如腊月二十三祭灶神、三十夜祭拜年神、正月初一亮花鞋、正月初二拜谢媒神、初一和十五提灯会、二月初二"龙抬头"，等等。

阆中是春节文化之乡，有很多本土原汁原味的传统民俗文化活动。到阆中古城过年，可以参加祭拜人祖伏羲、春节老人落下闳的相关活动，观看巴象鼓舞、张飞巡城、秀才赶考、迎銮出銮、阆苑仙乐、烧花舞龙、提灯会等春节民俗文化活动，品味古老的春节文化。

过了腊月初八，人们就开始忙乎起来，灌香肠、腌腊肉，三两星期后，家家户户的小阳台就不约而同地挂满了风干的猪头、猪尾、猪耳朵、猪排、猪脚、五花肉，奢侈一点的还挂有风干的鸡鸭鱼，年味飘浮在空中，情调大好，人们的心情也就舒展开来。

腊月二十三，送灶神，家家都把来年丰收盼，据说灶君菩萨每年约休假一星期，二十三夜上去，大年三十夜回来，他们高踞在人家的灶山上，嗅取人家饭菜的香气，二十三这天，家家都备有美酒菜肴供奉，以谢灶君菩萨在天神那里多美言几句，家里准保五谷丰登，身体康泰。

二十六、二十七，置办年货去赶集，贴春联、沾门神，满眼看不尽的新气象。除夕夜团年饭，阆中习俗是在敬祖宗之前要敬天敬地敬年神，年三十，家家团圆包饺子，烧福纸、迎新年，祈愿来年无病无灾，风调雨顺，六畜兴旺。放爆竹，守年岁，饮酒作乐，嬉至天明。

正月初一，讲究早起，在阆中的乡村还有抢银水的习俗，人们争相早起担井水，称为抢银水。民间认为，谁最早担回水，谁这一年就会兴旺发达，财源不尽滚滚来。正月初一还是"女人场"，女性穿上新衣花鞋，赶场上街，比赛谁的女工和鞋儿做得巧。

正月初二到十六，走亲访友串邻唠嗑，参加各种娱乐活动和拜祭活动，还可赶庙会，品农家菜，看杂艺，买土货。在年尾和年初之间的这几天，是忙碌的人们为自己留出来的一段毫无牵绊、毫无责任的悠游时光，可以完全心安理得地休息，游玩，或做自己喜爱的事。

215

Follow Me 四川深度游

攻略

景区交通　多种方式自由行

❶ 公交车：10、4路公交车可到古城。

❷ 租车：还可以在古城内乘出租车或骑共享单车前往目的地。

❸ 游船：嘉陵江游船船票60元，码头在华光楼下，航程约半小时，开放时间为10:00~21:00。

住宿　驴友力荐的住宿地

古城中有许多宾馆和客栈可供选择，宾馆数量较少，价格较高；客栈大多为当地居民所经营，价格相较于宾馆要低许多，大都装修一新，干净舒适，且其中也不乏档次较高者。旺季出行时最好提前预订好宾馆。

美食　饕餮一族新发现

阆中美食远近闻名，久负盛名的保宁醋、白糖蒸馍、松花皮蛋、酸菜豆花面、锭子锅盔、酥锅盔、热凉面（牛肉凉面）、牛羊杂碎面、吊汤扯面、川北凉粉、热凉粉等充满古城民俗民风的风味小吃足以使人一饱口福。古城内有几条较为集中的小吃街。

盐市口街：状元坊古城入口处右手边的那条街，街上一侧是现代建筑一侧是古代建筑，小吃的种类很多。

北街：包括与北街相接的双栅子街的一部分，大大小小几十家小吃店比比皆是，几乎囊括了阆中所有的风味食品——牛肉凉面、羊杂面、米粉、砂锅、红油小笼包子、吊汤拉面、油茶馓子、锅盔、油香……应有尽有。街上还有许多酒吧、水吧、醋吧、珍珠奶茶店、咖啡屋、烧烤店等餐饮和休闲场所。

礼拜寺街：即阆中清真寺所在的街道，是阆中著名的"清真食品一条街"，除了各种品牌的牛肉干，还有糖烧馍、锭子锅盔、油香等回族传统食品。

东坛井街、白果树街、王爷庙街、杨天井街：这四条街道邻近城区商业中心，也是城中心的餐饮业集中之地。

行程推荐　智慧旅游赛导游

阆中古城一日游路线：状元牌坊—张飞庙—贡院—蒲氏宅第—天书奇石馆—华光楼—风水馆—民俗会馆—锦屏山。